나는 무조건 한 번에 합격한다

# 나는 무조건
# 한 번에 합격한다

1년 만에 행정고시 합격한
신림동 전설의 초압축 공부법

이형재 지음

웅진 지식하우스

# 당신의 노력이 합격이 되는 순간을 바라며

"저는 정말 죽어라 공부했어요. 하지만 그 끝은 늘 불합격
이더라고요. 그런데 당신은 어떻게 그렇게 쉽게 시험에
합격하는 겁니까? 뭔가 억울하기도 하고, 궁금해서 전화
했습니다."

내가 『직장인 공부법』을 출간했을 때, 사무실로 걸려온 전화
속 한 남성의 목소리가 여전히 생생히 기억난다. 그 전화를 받기
까지, 그는 내게 세 차례나 전화를 걸었다 끊었다. 그러다 저녁
시간이 되어서야 다시 전화가 왔고, 그때 그는 나에게 이런 말을
전했다. 나는 죽어라 공부해도 늘 떨어지는데, 대체 당신은 어떻
게 그렇게 쉽게 합격하느냐고.
　나는 1년 만에 행정고시(재경직)에 합격해 공무원이 되었다.

많은 사람들이 선망하는 직업을 얻었지만, 그럼에도 불구하고 그 후로도 난 언제든 조직이 싫어질 때 도망칠 수 있도록 닥치는 대로 공부했다. 퇴근하면 공부를 시작했고, 주말이면 집중적으로 공부했다. 그렇게 15년간 달려온 결과 미국회계사USCPA, 국제재무분석사CFA 레벨1·2·3, 국제재무위험관리사FRM, 공인중개사, 행정사 등 수많은 시험에 합격하게 되었다. 물론 이제까지 살아오며 모든 시험에서 처음부터 좋은 결과만 얻은 것은 아니다. 그러나 불합격인 채로 끝난 시험은 없다. 끝내 합격을 이루어냈기 때문이다.

그의 어딘가 떨리고 상기된 목소리를 듣자 문득 과거의 내 모습이 떠올랐다. 지금이야 어떤 시험이든 한 번에 합격할 수 있을 정도로 시험에 최적화된 공부법을 찾아냈지만, 나 역시 아무리 공부해도 결과가 좋지 않던, 즉 공부의 가성비가 떨어지던 시절이 있었다.

나는 학창 시절 가방 한가득 책과 교재를 메고 다니며, 하루도 빠짐없이 독서실에 출근하는 성실한 학생이었다. 남들보다 잘하는 건 엉덩이 무겁게 책상에 앉아 있는 것뿐이었던 나는 늘 다른 친구들보다 더 많이 공부하기 위해 노력했다. 남들보다 훨씬 더 많은 책을 봤고, 그것도 한 권당 20번씩은 보려고 노력했다. 그렇게 누구보다 열심히, 또 많이 공부했는데 결과는 늘 기대 이하였다. 아무리 노력해도 원하는 성적을 얻을 수 없어 고민하던 그때, 어느 순간 이런 생각이 들었다.

'지금까지의 공부 방법이 잘못된 것은 아닐까?'

무턱대고 시간만 쏟는 공부, 닥치는 대로 외우기만 하는 공부가 아닌 '요령껏 공부하는 기술'을 가져야겠다는 생각이 든 것이다. 그 생각을 계기로 내 공부 인생은 180도 바뀌었다. 그날 이후 나는 무작정 열심히만 하는 공부가 아닌, 합격이라는 목표를 향해 전략을 세우는 공부를 시작했다. 전체 내용을 간략하게 요약하는 법, 시험에 나올 만한 부분을 추려내는 법, 핵심어·공식·숫자 쉽게 암기하는 법, 모르는 문제 안에서 답을 찾는 법 등을 터득해나갔다. 그게 나의 '반드시 합격하는 공부'의 시작이었다.

그 후로도 새로운 시험을 준비할 때마다 적게 공부하고 빨리 합격할 수 있는 효율적인 공부법에 초점을 맞추었고, 시간 낭비를 줄이는 마인드셋을 고민했다. 그러다 보니 점차 '시험에 최적화된 공부 전략'이 내 안에 단단히 자리 잡게 되었다.

나는 지금까지 도전한 모든 시험에서 합격했다. 그 과정에서 적잖은 시행착오를 겪었고, 그 결과 하나의 결론에 도달했다.

'공부에는 기술이 필요하고, 시험에는 요령이 필요하다.'

시험의 목적은 문제의 정답을 맞혀 합격 커트라인을 넘기는 점수를 얻는 것이다. 공부를 아무리 열심히 해도, 문제에서 정답을 찾을 수 없다면 당신의 노력은 틀린 셈이다. 따라서 우리의 공부에는 기술이 필요하다. 핵심을 파악하고, 필요한 내용만을 정리해 머릿속에 정리할 수 있어야 한다. 문제를 만났을 때 필요한 답을 바로 꺼내 쓸 수 있도록 말이다. 또 시험에서는 요령이 필요하다. 정답을 보는 눈을 키워야 한다. 그렇게 내가 15년이 넘도록 공부하며 터득한 방법을 이 책에 모두 담았다.

1장 '시험형 인간의 사고방식'에서는 극한의 효율을 뽑아낼 수 있는 사고방식에 대해 소개한다. 공부는 철저히 나 홀로 이겨내야 하는 외로운 싸움이다. 이 길고 외로운 싸움을 버텨내기 위해서는 그 무엇에도 지지 않을 목표와 의지가 필요하다. 내가 왜 공부를 시작했고, 합격하고 싶은지를 살펴보고 나만의 간절함을 찾아낼 수 있기를 바란다.

2장 '시험형 인간의 습관 디테일'에서는 공부의 효율을 극한으로 높이는 생활 습관을 소개한다. 공부의 효율성은 생활 전반에서 나온다. 공부에 도움이 되는 생활 습관, 집중력을 높이는 공부 환경 등 내가 공부하며 몸으로 터득한 노하우를 모두 담았다.

3장 '시험형 인간의 계획법'에서는 합격까지 최단 거리로 달릴 수 있는 계획 솔루션을 설명한다. 첫 단추를 잘못 채우면 옷을 제대로 입을 수 없듯이, 합격은 '최적화된 계획'에서 시작한다. 효율적인 계획의 요령을 얻고 싶다면 이 장을 최대한 활용해보기를 바란다.

4장 '시험형 인간의 초압축 공부법'에서는 한정된 시간 안에 적게 공부하고 빨리 합격할 수 있는 핵심 비법을 정리했다. 책을 선정하는 방법부터 책을 머릿속에 찍어내듯 암기하는 회독의 기술, 기출 문제와 학원 강의를 효과적으로 활용하는 방법 등 모두 내가 직접 해보고 수험생들을 상담하며 검증한 방법들만을 엄선했다. 자신의 상황에 맞게, 필요한 공부법을 모두 뽑아갈 수 있기를 바란다.

5장 '시험형 인간의 한 달 전략'에서는 가장 중요한 시기인 시험 전 한 달부터 시험 당일 아침까지의 전략을 따로 담았다. 시험공부는 일반적인 공부와 다르다. 단순히 내가 아는 것에서 그치지 않고, 시험장에서 머릿속의 지식을 꺼내어 문제에 적용할 수 있어야 한다. 시간을 쏟아 공부한 노력이 점수로 이어질 수 있도록 시험 직전에는 마무리 전략이 필요하다. 시험 직전에 긴장을 풀고 집중력을 높이는 방법부터 고득점으로 이어지는 최후의 벼락치기 공부 전략을 모두 담았다.

마지막 6장 '시험형 인간의 합격 멘탈'에서는 공부할 때 새겨야 할 마음가짐을 소개한다. 강사가 되어 많은 수험생과 상담을 해보면, 실제로 절반 이상의 학생들이 불안함과 초조함으로 공부에 집중하지 못한다. 특히 시험이 얼마 남지 않은 상황에서 더욱 그렇다. 합격은 결국 누가 끝까지 공부 레이스를 완주했는가에 달려 있다. 아무리 공부를 잘해도, 마지막 멘탈이 무너져서는 원하는 결과를 얻을 수 없다. 불안해서 공부가 손에 안 잡힌다면, 공부하다 보니 자존감이 떨어지고 자신감마저 없어졌다면, 이 책의 마지막을 들춰 '할 수 있다'는 용기를 얻어가길 바란다.

우리는 시험공부를 시작하기 전, 이미 합격한 사람들의 후기를 찾아본다. 그들이 합격하는 데 가장 효율적인 방법을 알고 있을 거라는 믿음에서다. 이 책도 그런 이유로 썼다. 열심히 공부했지만 시험에 떨어져 자책하며 포기를 고민하는 당신이, 인생의 마지막 기회라고 생각하며 다시 한번 공부에 도전한 당신이 더 이상 방황하지 않고 합격까지 최단 거리로 달릴 수 있도록 돕고 싶었다. 내가 몸소 겪으며 터득한 모든 요령을 담은 이 책은 당신의 노력이 가장 빠르게 성과를 낼 수 있도록 도와줄 것이다. 당신의 노력이 합격이 되는 그 순간을 기대하며 당신을 응원한다. 합격이 만들어낼 새로운 인생의 한 페이지를 함께 열어볼 수 있어 영광이다.

2022년 7월

이형재

차례

프롤로그  당신의 노력이 합격이 되는 순간을 바라며                    4

## 1장
# 시험형 인간의 사고방식

"합격하는 사람은 생각하는 방법부터 다르다"

극한의 효율을 추구하는 시험형 인간의 탄생                    17

합격의 서사를 만들어라                                      23

공부는 인생 계획의 한 페이지다                              28

기회는 준비된 자만이 잡을 수 있다                           33

## 2장
# 시험형 인간의 습관 디테일

"최고의 효율을 뽑아내는 일상 습관의 힘"

빠르게 합격하는 사람들의 특징                               41

시험형 인간의 12가지 생활 습관                              48

불합격을 부르는 10가지 생활 습관                            58

합격의 한 끗을 만드는 디테일한 습관 형성법                  65

집중할 수밖에 없는 공부 환경의 비밀     69

공부 환경을 지배하는 자가 합격한다     74

## 3장
# 시험형 인간의 계획법

"공부의 효율을 극한으로 높이는 합격의 최단 거리를 측정하라"

당신의 계획이 실패한 이유     83

계획 솔루션 ① | 나의 공부 자질을 파악하라     88

계획 솔루션 ② | 하루 공부량을 측정하라     93

계획 솔루션 ③ | 최적의 수험 기간을 설정하는 법     99

계획 솔루션 ④ | 역산법으로 일일 계획을 세워라     105

계획 솔루션 ⑤ | 내 몸과 시험 주기를 맞춰라     113

## 4장
# 시험형 인간의 초압축 공부법

"적게 공부하고 빠르게 합격하고 싶다면 압축하라"

초압축 공부의 시작 | 완벽한 교재를 선정하는 법     123

초압축 공부법 ① | 기본서 한 권으로 끝내는 법     129

초압축 공부법 ② | 한 권으로 개념을 지배하는 회독의 기술   134

초압축 공부법 ③ | 디테일을 잡는 기출문제 공부법   140

초압축 공부법 ④ | 하루 한 과목에 투자하라   147

초압축 공부법 ⑤ | 진도별 모의고사 활용법   151

초압축 공부법 ⑥ | 많은 양을 암기하는 법   155

초압축 공부법 ⑦ | 초효율 무작정 암기의 기술   160

학원 강의 200퍼센트 활용법   168

집중력을 높이는 방법   178

합격 수기를 내 것으로 만드는 법   183

제대로 쉬는 것도 공부다   188

무조건 한 번에 합격하는 공부법의 디테일   193

## 5장
# 시험형 인간의 한 달 전략

"합격의 기회는 시험 한 달 전에 다시 한 번 찾아온다"

시험 한 달 전 전략은 달라야 한다   199

극한의 효율을 앞세우는 한 달 전략의 모든 것   204

시험 직전 최후의 암기 비법   212

실수를 줄이는 디테일한 한 끗   220

모의고사 자가진단 활용법   227

시험 D-7 일주일 안에 끝내는 폭발적 암기 전략   232

시험 D-1 실수를 줄이는 수험생 시나리오   236

D-day 수험생이 잊지 말아야 할 5가지   242

시험 시작 30분 전, 합격의 디테일을 잡는 법　　　　　　248

정답이 보이는 문제풀이의 비밀　　　　　　254

주관식 시험에서 주의해야 할 점　　　　　　265

## 6장
# 시험형 인간의 합격 멘탈

"합격하는 사람의 멘탈은 다르다"

망상하지 마라, 현실은 현실이다　　　　　　275

시험공부에 인생을 걸지 마라　　　　　　278

자신감은 노력에서 온다　　　　　　281

불안함을 합격의 원동력으로 바꿔라　　　　　　284

합격은 전략순이다　　　　　　288

단순함으로 승부하라　　　　　　293

시험의 목표는 후회를 남기지 않는 것이다　　　　　　299

공부할 때 절대 하지 말아야 할 말들　　　　　　302

에필로그　시험형 인간의 합격 10계명　　　　　　310

# 1장

# 시험형 인간의 사고방식

"합격하는 사람은
생각하는 방법부터 다르다"

# 극한의 효율을 추구하는
# 시험형 인간의 탄생

**내가 공부하던 모든 순간은 절박했다.**

"그 많은 시험을 도대체 어떻게 다 합격했어요?"

합격한 시험만 해도 10개가 넘는 내가 어디선가 나의 시험 이력을 소개할 때면 늘 받는 질문이다. '도전한 시험은 떨어져본 적이 없다'고 말하면 모두가 놀란다. 행정고시, 국제재무분석사 외 같이 경쟁률이 높고 최종 합격하기 어려운 시험도 다수 합격했다. 대부분의 시험을 준비하는 기간도 길지 않았다. 내가 아주 빠른 시간에, 준비한 시험을 모두 합격할 수 있었던 비결은 극한의 효율을 추구하며 공부했기 때문이다.


## 합격의 해답은 늘 '효율성'에 있다

떨어지기 위해 시험공부를 시작하는 사람이 없듯, 나 역시 합격하기 위해 공부했다. 1년 만에 행정고시 재경직에 합격한 것을 비롯해 미국회계사, 국제재무분석사, 국제재무위험관리사, 공인중개사 등 지금까지 도전한 시험은 모두 합격했다.

그 많은 수험 생활을 거치며 얻은 교훈은 딱 하나다. 시험은 무작정 열심히 해서는 합격할 수 없다는 것이다. 나와 함께 공부를 했던 사람들 중에 이렇게 많은 시험에 합격한 이는 없다. 그렇다고 그 친구들이 열심히 공부하지 않은 것은 아니었다. 안타깝게 탈락하거나, 갑자기 다른 일로 바빠져 공부를 중간에 포기하게 되거나, 도중에 의지를 상실하게 되는 경우가 다수였다. 결국 나와 그 친구들과의 차이는 열심히 하지 않아서가 아니라 여러 상황에 맞는 효율성 높은 방법을 찾지 못해서다.

나는 손을 대는 모든 일에 극한의 효율을 추구하는 사람이다. 정해진 목표가 있고, 이를 꼭 이뤄내고 싶다면 내 시간, 계획, 주변 환경을 모두 목표에 맞춰 세팅한다. 가장 빠른 시간에, 원하는 결과를 낼 수 있는 세팅값을 찾아 적용하는 것이다. 시험공부도 마찬가지다. 빨리 합격하고 싶다면 내 마음가짐과 주변 상황, 계획과 시간의 세팅값을 바꿔야 한다. 이런 극한의 효율을 좇는 내 성미는 자연스럽게 가장 빠르게 합격할 수 있는 효율적인 전략을 찾아냈다.

## 절박한 사람일수록 효율을 좇는다

효율적인 전략을 찾아나선 계기는 모두 합격하고픈 '절박함'이었다. 공부가 너무 즐거워서 시작하는 사람은 없다. 오히려 그 반대다. 공부를 위해서는 어느 정도의 고통을 버텨야 한다. 시험공부를 하는 순간을 버틸 수 있었던 건, 나의 공부하는 순간들이 늘 절박했기 때문이다. 군대도 미루고 준비한 행정고시인데 떨어져 바늘구멍보다 좁다는 취업시장에서 허덕이게 될까 봐 절박했고, 직장인이 되어서는 다른 수험생들과 공부하는 절대적 시간이 부족했기 때문에 절박했다. 그래서 나는 하루라도 빨리 합격하고 싶었다. 합격까지 최단 거리로 달리고 싶었다. 나의 하루 스케줄을 일이 아닌 공부에 맞췄다. 그렇게 매일을 효율적으로 쪼개어 공부했다.

직장인이 되어서도 마찬가지였다. 효율적인 공부에 대한 욕구는 더 커졌다. 일을 해내면서 공부하기에 시간은 늘 부족했고, 직장 생활 특성상 내가 통제할 수 없는 일들이 계속해서 발생했다. 직장에 다니며 국제재무분석사를 준비했을 때 내게 청천벽력 같은 일이 벌어진 적이 있다. 당시 '미국산 쇠고기 협상 대응 업무'를 갑작스레 맡게 된 것이다. 원래 내가 맡은 업무는 아니었으나 이슈가 커지면서 업무 지원을 나가게 되었다. 관련 업무가 산더미처럼 쏟아졌고, 몇 달 전부터 준비하던 시험에 큰 차질을 빚게 되었다. 하지만 시험을 포기할 수 없었기에 합격하고 싶은 절박함에 짧은 시간에 더 큰 성과를 낼 수 있는 공부법을 찾아 나설 수밖에 없었다.

## 현실에서 돌파구를 찾다

먼저, 자투리 시간을 공략했다. 공부할 시간이 충분치 않으니 시간을 만들어서라도 공부를 해야 했다. 자연스럽게 내 일상 속 공백들에 집중해보기 시작했다. 출퇴근 시간을 활용해보고자 앉아서 출근할 수 있는 새벽 시간에 출근했고, 점심시간에 볼 수 있는 작은 노트를 만들어가기도 했다. 바쁜 일상에 맞춰 공부하는 습관을 갖게 된 것이다.

다음으로 무엇이든 짧게 정리하기 시작했다. 집중할 수 있는 시간이 부족한 만큼, 머릿속에 집어넣을 양도 줄여야 했다. 따라서 집중해 공부할 수 있는 시간에 무엇이든 짧게 요약하기 시작했다. 그러자 점차 핵심을 간파하는 요령이 생겨났다. 자연스레 효율을 높이는 방향으로 공부법을 발전시켜나간 것이다.

또 공부를 방해하는 생활 습관을 버렸다. 시험의 당락은 종이 한 장 차이로 가려지는 경우가 많은데, 그 종이 한 장은 내가 어떤 생활을 하느냐에 따라 결정된다. 생활 습관이 컨디션에 영향을 주면서 도미노처럼 시험 전체의 결과에 영향을 주기 때문이다.

효율을 높일 수 있는 공부 전략에 대해서도 연구하기 시작했다. 어떤 시간대에 어떤 공부를 하는 것이 좋은지, 어떤 문제를 많이 틀리는지, 잠이 부족한 날에는 어떻게 시간 계획을 짜야 하는지, 집중이 되지 않을 때에는 어떤 휴식이 적절한지 등 경우에 따라 가장 효율적인 방법을 찾다 보니 각 상황별 요령을 터득하기에 이르렀다.

특히 여러 시험을 준비하는 과정에서 이런저런 공부법을 시도해본 결과, 나에게 꼭 맞는 최적화된 방법을 찾아낼 수 있었다. 그러자 시험 준비부터 합격까지 엄청난 가속도가 붙기 시작했다. 그렇게 가장 마지막으로 공부한 공인중개사 시험은 공부한 지 단 3개월 만에 합격할 수 있었다.

　이처럼 최적의 방법을 알면 누구나 쉽고 빠르게 합격할 수 있다. 하지만 생활의 전부를 공부에 맞추는 것은 정말 힘든 일이다. 집과 학원, 독서실을 반복하는 쳇바퀴 같은 일상이 참을 수 없이 지루해질 때가 있고, 계절이 바뀌어 꽃이라도 피는 날엔 모든 걸 다 때려치우고 싶어지기 마련이다. 결국 시험에 최적화된 생활은 내 마음에 부담이 되지 않아야 한다. 아무리 공부에 도움이 되는 방식이라도 공부하고 싶은 마음을 깎아 먹는다면 그것은 좋은 방법이 아니다. 다른 모든 것을 포기하고 공부만 하는 것도 바람직하지 않다. 내 생활을 지키며 공부할 수 있어야 효율적인 공부다.

# 합격의 서사를
# 만들어라

공부 의지는 머리가 아닌 마음이 만드는 것이다.

"이 힘든 시험공부를 어떻게 견디셨어요?"

이 책을 집어든 당신의 목표는 단 하나, '시험 합격'일 것이다. 취업을 위해서든, 원하는 꿈을 이루기 위해서든, 더 좋은 직장으로 이직하기 위해서든 시험을 보기로 결정한 사람들은 모두 합격이라는 목표를 향해 완주하고 싶다. 하지만 완주해낼 수 있는 사람은 그리 많지 않다. 공부하는 기간이 길어질수록 더욱 그렇다. 의지를 가지고 공부를 시작해도 몇 개월만 지나면 '이렇게 공부하면 합격할 수 있을까? 헛시간 쓰고 있는 것 아닐까?' 하는 생각을 하면서 스스로 공부 의욕을 떨어뜨리기 일쑤다. 그렇다면 완주해내는 사람들은 무엇이 다를까? 바로 이 모든 걸 이겨낼 수 있는 가장 원초적인 동기가 있는가에 달렸다. '나는 왜 이 공부를 하고 있는가'에 대한 답 말이다.


## 공부에는 나만의 서사가 필요하다

이를 답할 수 있는 가장 좋은 방법은 나만의 서사를 그려보는 것이다. 서사란 쉽게 말하면 이야기다. 내가 이 공부를 왜 시작했는지, 왜 합격해야 하는지, 그 합격으로 어떤 이야기를 그리고 싶은지 그 이야기를 만들어갈 수 있어야 지치지 않고 합격까지 완주할 수 있다. 과거 선생님이 되고 싶었던 어머니의 꿈을 대신 이루고자 피나게 공부했던 친구가 기억난다. 더 공부하지 못했던 지난날을 아쉬워하는 어머니의 뒷모습을 보며 치열하게 노력한 그 친구는 끝내 임용고시에 합격했다. 마침내 첫 출근하던 날, 그 친구의 어머니는 펑펑 울었다.

이처럼 꿈을 이루는 사람에게는 그들을 움직인 서사가 있다. 그 이유가 있어야 내 공부도 의미가 있고, 지속해나갈 수 있는 것이다. 지금 책상에 앉아 이 책을 읽고 있는 당신에게는 '공부해야 하는 당신만의 서사'가 있는가?

## 당신의 시작은 거창할 필요가 없다

공부법 책을 처음 낸 이후 "왜 이렇게 많은 시험공부를 하셨나요?"라는 질문을 많이 받았다. 나는 집안이나 재산 같은 나의 배경이 아닌, 온전히 실력으로만 평가받고 싶어 시험을 선택했다. 부모님의 배경에 힘입어 쉬운 성공을 하고 싶지 않았고, 그렇다고 가진 것 없는 배경을 탓하며 시간을 낭비하기도 싫었다. 노력한 만큼 대접받는 공정한 기회를 얻기 위해 행정고시를 선택했다. 행정고시 지원 원서에는 졸업한 대학을 기입하지 않는다. 순전히 그간의 노력과 실력을 점수로만 평가하는 점이 오히려 나에게 마음 편한 일이었다.

직장인이 되어서는 실력으로 기회를 만들고 싶었기 때문에 공부했다. 높은 사람에게 잘 보여 좋은 자리에 올라 갑질하며 자신의 이익을 취하는 사람들을 보면서 나는 저렇게 되고 싶지 않다고 생각했다. 실력으로 공정하게 내 몫만큼의 대접을 받는 것이 얼마나 중요한 일인지를 깨달았다. 그래서 고시 공부를 할 때

보다 더 공부를 해서 실력을 키웠다. 직장 생활을 하며 공부하는 것이 더 힘들고 어려웠지만, 의지를 계속 유지할 수 있었던 것은 '내가 더 나은 삶을 살고 싶다면 더 노력을 해서 그것을 얻어야 한다'는 확고한 철학과 믿음이 있어서였다.

## 내 마음을 움직일 스토리를 찾았는가

여러분들은 왜 공부를 시작하려고 하는가? 이 지루하고 긴 수험 기간을 버텨내기 위해선 원대한 꿈이나 성공 같은 소위 '있어 보이는 목표'보다 '가장 현실적이고 확실한 이유'가 필요하다. 지금 당장 나에게 무엇이 중요한지부터 생각해보자. '지금 당장 중요한 것'은 가장 현실적이고 피부에 와닿는 이유이다. 추운 겨울 아침, 대부분의 사람들은 이불 속에서 나오고 싶어 하지 않는다. '얼른 일어나야지!'라고 생각해도 몸은 움직이지 않지만, 배가 고프고 먹고 싶은 것이 냉장고에 있다면 바로 일어나게 된다. 결국 의지력과 동기라는 것은 타고나는 것이 아니라 피부에 와닿아야 생기는 것이다.

현실적인 이유를 만들어보자. '뭐 하나 잘해보고 싶어서' '당장 재테크를 하려면 관련 분야의 공부가 필요해서' '그래도 적당히 괜찮은 데 취직하려면 자격증을 따야 하니까'와 같은 이유가 시작의 동기부여에 더 효과적이다. 나에게 행정고시를 어떻게 빨리 합격할 수 있냐고 물으면 나는 "군대를 연기해둔 상황에서 늦은 나이에 사병으로 입대하기는 너무 싫고, 군대까지 연기했는데 뭐라도 하나 해야겠다는 생각에 병무청에서 오는 영장을 보며 열심히 공부했다"고 답한다. 군 입대를 미룬 채 행정고시를 준비하다 보니, 병무청에서 날아오는 군대 영장은 시험에 반드시 합격해야만 한다는 절박함을 만들어주었다. 가장 현실적이고 확실한 이유로 공부를 시작해라. 공부에 대한 의지는 머리로 만드는 것이 아니라 마음이 만들어내는 것이다.

# 공부는 인생 계획의
# 한 페이지다

**장기적인 계획을 가진 자는 길을 잃지 않는다.**

강사가 된 이후 공부를 처음 시작하는 사람들을 많이 만났다. 그들의 고민을 들어보면 '공부하기로 결심한 이유'부터 불분명한 경우가 많았다. 그저 다른 사람이 좋다고 하니까, 그럴듯해 보이는 시험에 합격해 스펙 한 줄 더 쌓고 싶어서 공부를 시작한 경우가 대부분이었고, 더 나아가서는 자격증 하나가 20~30년 후 자신을 높은 자리로 갈 수 있게 해주지 않을까 하는 헛된 희망을 품고 있는 경우도 있었다. 이런 동기는 반짝 결심으로 끝날 확률이 높다. 이때 당신은 의지력을 탓하겠지만, 사실 이건 의지력의 문제가 아니다. 자신의 장기적 미래를 보지 않은 탓이다.

## 미래 시나리오를 써라

공부를 시작해보면 어떤가? 정말 너무 재미없고 지루하고, 심지어 어렵기까지 하다. 이 힘든 공부를 합격할 때까지 붙잡고 있을 생각을 하니 어질어질하다. 의자에 앉아 '내가 지금 이걸 왜 공부하고 있지?'를 생각하게 된다. 하물며 붙어야 하는 이유가 명확한 상태에서도 공부가 힘든데, 피상적인 목표로 시작한 공부는 어떻겠는가?

공부를 잘하는 친구들을 보면 자신의 인생이 지금 이 순간에 달린 것처럼 열정을 가지고 공부한다. 그 어떤 상황에서도 자신이 공부해야 하는 이유 자체에 대해서는 결코 의심하지 않는다. 만약 돈을 벌어야 하기 때문에 공부한다고 하더라도 피상적인 목표로 공부하는 사람들은 단순히 '돈이 많으면 좋잖아' 정도로 생각한다. 그러나 미래를 그리고, 그 장기적인 계획 안에서 준비하는 사람의 머릿속은 다르다. '돈을 벌어서 어떤 모습으로 살아보고 싶다. 공부는 그 모습으로 가는 과정의 일부야'라며 긴 트랙

위에서 목표를 향해 달려가고 있다고 생각한다. 즉, 자신만의 뚜렷한 목표와 동기가 있기에 지치지 않고 완주할 수 있는 것이다.

어려운 환경에도 불구하고 서울대학교 수석합격을 했다든지, 수능 만점, 사법고시 수석합격과 같은 아주 큰 성과를 얻어낸 사람들에 관한 뉴스를 본 적이 있을 것이다. 이런 사람들에게는 하나같이 자신만의 이야기가 있다. 어려운 환경을 극복해서 무엇인가 되어보고 싶다는 꿈과 의지가 담겨 있다. 우리는 이런 이야기에 감동을 받으며, 우리의 공부 의지를 불태우기도 한다. 그런데 그렇게 감동적인 이야기를 듣고 공부를 시작해보아도 의지는 오래가지 않을 것이다. 왜냐하면 그것은 결국 남의 인생이고, 남의 이야기기 때문이다.

나를 움직이고 나를 바꾸려면 내 이야기, 즉 나의 미래를 그려보는 일이 필요하다. 다음 세 가지 질문에 답해보며 자신의 미래 시나리오를 써보자.

- 나는 왜 이 시험을 선택했는가?
- 이 시험에 합격한 후, 나의 모습은 어떠한가?
- 내 인생에서 합격 다음에 올 목표는 무엇인가?

미래 시나리오엔 감동적인 이야기는 필요 없다. 단지 내 마음을 움직일 정도면 충분하다. 필요하다고 느껴야 공부를 하게 된다. 이 시험이 내 인생에서 무엇을 바꿀지, 합격한 후 나는 어떤 길을 걸어가게 될지, 합격 이후 나는 또다시 어떤 목표를 세울지를 고민해본다면 '시험 합격'이라는 결과를 자신이 주도하여 더 발전할 수 있는 방향으로 끌고 갈 수 있다.

## 장기적인 계획을 세운 사람은 길을 잃지 않는다

최근 많은 공무원이 입사 첫해를 다 채우지 못하고 퇴사한다고 한다. 안정적인 일자리를 꿈꾸며 각자의 청춘을 바쳐 공부했는데 왜 이렇게들 퇴사를 하는 걸까?

그것은 바로 '합격한 이후'를 생각하지 않았기 때문이다. 그저 합격만 한다면 모두가 부러워하는 안정적인 직업을 가질 수 있다고 생각하기 때문이다. 하지만 생각보다 인생은 길다. 지금 나를 거쳐 가는 이 시험과 직업은 인생의 전부가 아닌, 작은 티끌일 수 있다.

장기적인 계획을 세운 사람은 길을 잃지 않는다. 오히려 지금의 시험을 발판 삼아 그다음 목표로 나아간다. 사소한 장애물에 흔들리지 않으며, 또 멈추지도 않는다. 지금 이 시기가 내가 원하는 미래로 갈 하나의 계단인 걸 알기 때문이다.

또 장기적인 계획이 있으면 그 자체로 공부가 즐거워진다. 오늘 하루 내가 쏟아부은 노력이 인생에 어떤 변화를 만들어갈지 명확하게 인지할 수 있기 때문이다. 막연하게 시험을 잘 봐야 한다는 생각만으로 공부를 한다면, 왜 시험에 합격해야 하는지, 합격이 자신에게 무슨 의미인지 잊고 길을 잃어버리게 될 것이다.

그러니 늘 잊지 않도록 노력해야 한다. 내가 오늘 공부하며 흘린 땀방울은 살면서 만들어갈 '인생'이라는 성을 세우는 벽돌 한 장이라는 사실을 말이다.

# 기회는 준비된 자만이 잡을 수 있다

잊지 마라. 기회는 준비된 자에게만 찾아오고,
준비되어 있는 자만이 그 기회를 잡을 수 있다.

"너 대체 뭘 하려고 이렇게까지 공부하나?"

내가 직장인이 되어 공부하면서 가장 많이 들었던 말이다. 자격증 하나를 더 딴다고 해서 당장 승진을 하는 것도 아니고, 월급이 오르는 것도 아니다. 당장 일에 필요한 자격증도 아닌데 무슨 공부를 늘 그렇게 하냐는 거였다. 하지만 지겹도록 공부하고 또 공부한 지금, 나는 강사이면서 동시에 작가로 나만의 영향력을 키워가며 살고 있다.

겨울에 눈이 내리면 처음에는 바로 녹아버린다. 하지만 밤새 눈이 내리면 거리에 몇 센티씩 쌓여 멋진 설경을 만들어내듯 공부도 그러하다. 처음에는 아무리 외워도 금방 잊어버리고, 공부가 어렵게만 느껴지지만 그 과정을 지내면 결국 내 안에 쌓이게 된다. 지금 내가 합격하고픈 시험도 마찬가지다. 이번 합격이 당장 인생의 큰 변화를 만들지 못할 수 있다. 하지만 이렇게 쌓인 노력들은 끝내 인생을 바꿀 새로운 기회를 만들어낼 것이다. 준비된 자에게 기회가 온다는 말은 즉 기회를 잡을 수 있는 준비를 끝낸 자들에게만 기회가 온다는 것이다.

## 공부하는 자에게 기회가 온다

3년 전까지만 해도 공무원이던 나는 지금 강사로, 또 작가로 살고 있다. 과연 어떻게 13년 만에 공무원이라는 직업을 내려놓고 인생 2막을 시작할 수 있었을까?

닥치는 대로 공부했기 때문이다. 행정고시에 합격하고 이제 탄탄대로 성공가도를 탔다고 생각했던 나는 입사 1년 만에 다시 공부를 시작했다. 200만 원 남짓한 돈을 월급으로 받으며 야근을 밥 먹듯이 하던 그 시절 나는 정말 열심히 일했다. 그렇다고 해서 내 뜻이 조직에 반영되는 것도 아니었다. 정부의 조직개편에 따라 개인의 의견에 상관없이 조직 이동이 이뤄지고, 내 신념과는 다른 업무를 해야 하는 경우도 많았다. 인간관계도 쉽지 않았다. 자기 일을 미루고 모르는 척하는 사람들이 가득했고, 사적인 업무를 시키는 상사는 물론이요, 무조건 남을 무시하는 인간도 만났다. 조직에서 이런 경험을 하고 나니 필요하다면 언제든 이 조직을 버릴 수 있도록 준비가 필요했다. 그래서 다시 공부를 선택했다.

처음 직장인이 되어 공부할 때만 해도 정말 아무도 인정해주지 않았다. "뭣하러 공부하냐?" "그 자격증 하나 따서 뭐 할래?"라는 반응이 대다수였다. 실제로 그랬다. 자격증 하나 딴다고 당장 내 인생이 달라지지 않았다. 어차피 공무원 또는 직장인의 삶은 그대로였고, 자격증 하나 더 딴다고 해서 당장 승진을 할 수 있는 것도 아니고, 업무가 달라지는 것도 아니었다. 나조차도 체감하지 못할 수준이었으니, '공부해봐야 소용없다'는 생각이 들만했다.

그런데 정말 아무 의미 없었을까? 어렵게 따낸 자격증을 당장 활용할 기회는 없었지만, 오히려 새로운 길이 열리기 시작했다. 합격하는 공부법의 비밀을 알려달라는 요청이 많아졌고, 그렇게 생각지도 못한 공부법 책을 내게 되었다. 그리고 공부법 책은 또다시 새로운 기회를 만들어주었다.

# 기회는 어느 순간 찾아온다

내가 『직장인 공부법』을 낸 지 딱 2년이 되던 해, 행정 경험과 공부해본 경험을 살려 강의를 해보지 않겠냐는 제안이 왔다. 나는 장고 끝에 그 제안을 받아들이기로 했다. 13년 공무원 생활을 정리하고 강사로의 전직에 도전한 것이다.

이 도박 같은 결정을 가능하게 한 건 바로 '내 이야기'였다. 그저 내 이야기의 한 페이지를 써 내려가기 위해 치열하게 공부하며 쌓아온 노력들이 새로운 기회를 만들어준 것이다. 그러자 문득 이런 생각이 들었다. '내가 힘들었던 것처럼 지금도 합격을 목표로 공부하고 있을 많은 이들에게 더 효율적인 공부법을 알려줄 수 있다면 어떨까?' '시험은 넘어야만 하는 높은 허들이 아니라 인생을 송두리째 바꿔줄 새로운 기회라는 사실을 알려줄 수 있다면 어떨까?' 그런 생각이 들자 강사로의 이직은 더 이상 도박이 아니라 새로운 미래의 청사진이 되었다.

이렇듯 나만의 이야기를 써 내려가는 노력이 쌓이면 어느 순간 기회는 찾아온다. 다수는 말한다. "좋은 대학을 나와 좋은 직장에 들어가 높은 자리에 오르는 것이 성공하는 것이다"라고. 하지만 나는 그들에게 이렇게 말해주고 싶다. "성공엔 정해진 공식이란 없고, 준비된 자에게 기회는 언제나 온다"고. 내가 여러 시험을 합격하면서 느낀 것은 정해진 공식이란 존재하지도 않고 내 이야기를 만들어나가면 새로운 기회는 얼마든지 열린다는 것이다. 사람들과 이야기하다 보면 꼭 하는 말이 있다. "설마 내가 공부법 책 내려고 고시 보고, 금융자격증 땄겠니? 열심히 공부해온 노력이 지금을 만든 거지!" 그러니 처음 시험공부를 할 때부터 너무 걱정할 필요 없다. 하다 보면 길이 보이고, 기회가 찾아온다.

## 나를 지켜주는 건 오로지 나뿐이다

'철밥통'이라는 공무원 생활을 오래 해왔지만, 깨달은 것은 나를 지켜주는 조직은 없다는 것이다. 내가 열심히 해놓은 것들을 훔쳐가는 인간, 자기 일 미루고 모른 척하는 인간, 사적인 업무를 시키면서 못 하겠다고 하면 폭언하는 인간, 무조건 남을 무시하는 인간 등 여러 군상을 만났다. 그리고 나니 나를 지키려면 경쟁력이 무엇보다 필요하겠다는 생각을 하게 되었다. 나를 지켜주는 것은 나밖에 없다.

모두 자신의 이익을 위해 움직이고, 필요하다면 언제든 버릴 수 있다는 사실을 알게 되니 이런 상황을 돌파하기 위한 '이중생활'이 필요했다. 그렇게 나는 직장 생활을 하며 시험공부를 했고,

여러 자격증을 취득했다. 국제재무분석사, 미국회계사와 같은 어려운 시험에서부터 공인중개사, 컴퓨터활용능력 1급에 이르기까지 다양했다. 워터 소믈리에와 같이 굳이 따지 않아도 되는 자격증도 닥치는 대로 시도했다.

이런 노력이 내 안에 쌓여 있다면 무서울 게 없다. 왜냐하면 정말 더 이상 회사 생활을 지속할 수 없다고 판단될 때 '떠날 수 있는 힘'을 주기 때문이다. 공무원이 되고 싶은 사람은 늘 차고 넘치기에 공직 사회에서는 '너 아니어도 시킬 사람 많아. 시키는 대로 해. 억울하면 그만두고 나가든가' 하는 분위기가 있다. 하지만 대책 없이 나갈 순 없는 노릇이다. 그러니 조직 안에서 나를 지키고, 필요할 때 선택할 수 있는 힘을 가지려면 준비되어 있어야 한다.

기회는 어느 순간 찾아온다. 나 역시 준비되어 있었기에 13년이라는 공무원 생활에 종지부를 찍고, 내 힘으로 여기까지 왔다. 그리고 지금도 여러 도전을 계획하고 있다. 공부 덕분에 많은 사람을 알게 되었고, 더 다양한 즐거움을 찾게 되었다. 시험공부는 나에게 많은 가능성과 기회를 열어준 것이었다. 이제 당신의 차례다. 당신은 다가올 기회를 잡을 준비가 되어 있는가? 잊지 마라. 기회는 준비된 자에게만 찾아오고, 준비되어 있는 자만이 그 기회를 잡을 수 있단 사실을 말이다.

## 2장

# 시험형 인간의 습관 디테일

"최고의 효율을 뽑아내는
일상 습관의 힘"

# 빠르게 합격하는
# 사람들의 특징

결국 합격을 결정짓는 건 지능이 아니다.
오늘 나의 작은 습관 하나가 합격을 만든다.

말콤 글래드웰이 쓴 『아웃라이어』에는 아주 흥미로운 연구 하나가 등장한다. 1921년 스탠퍼드 대학의 심리학자 루이스 터면Lewis Terman은 'IQ가 높을수록 성공할 것이다'라는 가설을 확인하기 위해 하나의 실험을 기획한다. 초등학생과 중학생을 모아 IQ가 평균적으로 높은 이들의 인생을 따라가 본 것이다. 그러나 장기간에 걸쳐 연구한 결과, 지능이 평균 이상인 학생들 중에서도 이후 성공한 사람은 극소수에 불과했다. 그렇게 지능과 성공 사이에는 유의미한 상관관계가 없다는 사실이 밝혀졌다.

당신도 이런 착각에 빠져 있진 않은가? 시험에 단번에 합격하거나, 늘 높은 점수를 받는 학생들을 보면서 "쟤는 머리가 좋은가 봐"라고 생각하며 합격자의 자질은 보지 못한 채 머리 탓을 하고 있지 않았는가? 어떤 시험이든 합격하는 사람들의 공통점은 단 하나다. 바로 머리가 좋은 사람이 아니라, 합격할 만한 자질을 갖춘 사람이라는 것이다. 그렇다면 '합격할 만한 자질'이란 무엇일까?

## 합격과 불합격을 가르는 결정적 자질

행정고시를 준비했을 때의 일이다. 내가 합격했던 그해 시험에서 함께 공부한 대학 선배는 불합격했다. 나중에 확인해보니 그와 나의 합격을 가른 점수 차이는 고작 2점이었다. 그 2점 차이로 누군가는 연수원에, 누군가는 다른 길을 알아보게 된 것이다. 시험이란 그렇다. 아주 작은 차이로 사람의 앞길을 바꾸는 녀석이다.

같은 시험을 똑같이 열심히 준비하는데 왜 누구는 합격하고, 누구는 불합격하는 걸까? 앞서 말한 것처럼 지능은 합격의 당락을 결정짓는 데 큰 영향을 미치지 못한다. 대부분의 시험은 공부 범위와 문제 유형이 정해져 있기 마련이고, 응시자 집단 또한 대체로 비슷한 연령대, 경험, 학력을 가지고 있다. 따라서 합격을 판가름하는 요소에 수험생들의 지적 능력은 별 비중을 차지하지 않는다. 결국 합격과 불합격을 가르는 건 각자에게 주어진 시간에서 누가 더 극한의 효율을 보여줄 수 있는가에 달린 것이다.

나는 그간 다양한 시험을 준비하고 치르는 과정에서, 짧은 시간에 합격하는 이들이 갖추고 있는 네 가지 특징을 발견할 수 있었다.

## 첫째, 집중의 전환비용이 적다

전환비용이라는 용어를 들어본 적이 있는가? 한경 경제용어 사전에 따르면, 전환비용이란 현재 사용하고 있는 재화가 아닌 다른 재화를 사용하려고 할 때 들어가는 비용을 의미한다. 예를 들어, 공부하기 위해 아침에 일찍 일어나 도서관에 간다고 가정해보자. 야심차게 책을 펼쳐보지만 막상 책상에 앉으면 공부가 하기 싫어지고, '5분만 더, 딱 정각에 시작해야지' 등등 어영부영 시간을 보내기 마련이다. 결국 공부에 집중하게 되기까지 한두 시간은 날려버리고 만다. 이렇게 노는 것에서 공부하는 것으로

모드를 전환하는 데 필요한 한두 시간이 바로 집중의 전환비용
이다.

공부를 잘하는 사람과 그렇지 않은 사람은 이 집중의 전환비
용에서 큰 차이가 난다. 대학 시절 시험 기간 중 친구들과 도서
관에서 공부할 때 겪었던 일이다. 공부를 하다가 배가 고파 야식
을 함께 시켜 먹고 실컷 수다를 떨며 놀았는데, 그 후 다시 도서
관에 들어가면 휴식 시간에 이야기했던 것들이 생각나서 바로
공부에 집중하기 어려웠다. 그런데 친구들은 곧바로 공부에 집
중하는 게 아니겠나? 그때 깨달았다. 공부를 잘하는 친구들은 다
시 공부 모드로 들어가는 전환 속도가 매우 빠르다는 것을. 그
뒤로 나는 공부 중 잠시 휴식을 취하더라도, 언제라도 다시 '공
부 모드'로 전환할 수 있도록 마인드컨트롤을 하기 시작했다.

## 둘째, 일상이 심심하다

합격할 만큼 공부를 잘하고 싶다면 일상이 심심해야 한다.
"밖에 나가면 재미있는 것이 많아서 공부에 집중하기 힘들어요.
어떻게 해야 하나요?"라는 질문을 심심치 않게 받는다. 그러면
나는 "일상이 심심해질 수 있도록 단순하게 사세요"라고 답한

다. 공부할 땐 유혹이 많으면 많을수록 집중하기 어렵다. 공부를 위해 나의 취향을 포기할 수 없다고 생각한다면, 잠시 공부하는 기간만이라도 생활을 바꾸어야 한다.

원래 삶은 트레이드오프, 즉 어느 것을 얻으려면 반드시 다른 것을 희생해야 한다. 하나를 얻으려면 하나를 포기해야 하는 관계가 있다는 것을 명심해야 한다. 공부를 잘하고 싶다면, 합격하고 싶다면 내 생활에서 어떤 것을 포기해야 할지를 스스로 정리해볼 필요가 있다.

## 셋째, 지독하게 버틸 확실한 동기부여가 있다

신림동 고시촌에는 '고시 공부는 머리싸움이 아니라 엉덩이싸움'이라는 말이 있다. 누가 더 잘 앉아 있느냐에 따라 당락이 좌우된다는 의미이다. 실제로 공부를 해보면 누가 끈기를 가지고 공부를 하느냐가 합격의 당락을 결정한다. 하지만 끈기 있게 공부하기란 쉽지 않다. 얼마나 이어질지 모를 수험 기간 동안 끈기를 유지할 만한 확실한 동기부여가 부족하기 때문이다. 그저 주변 사람들이 일단 해보라고 추천해 시험공부를 시작한 사람과 명확한 목표를 가지고 시험을 준비하는 사람의 끈기는 다르다.

결국 공부는 합격에 대한 확신과 보장이 없는 상태에서 얼마나 오랫동안 '밑 빠진 독에 물을 붓는 인내력'을 가질 수 있느냐에 따라 결과가 크게 달라진다. 이 점을 꼭 명심해야 시험공부를 성공적으로 완주할 수 있다.

## 넷째, 공부 환경을 스스로 컨트롤 한다

나는 시험공부를 시작하기 전 스스로 생활 패턴과 환경부터 먼저 확인한다. 그러고는 시험공부에 맞지 않는 것은 수정한 후 공부를 시작한다. 삶을 공부에 맞출수록 합격할 수 있는 확률이 높아진다는 것을 경험으로 알기 때문이다.

수험 생활은 건물을 만드는 것과 같다. 한순간 한순간이 벽돌처럼 쌓여 점수라는 건물을 만든다. 건물의 자재가 부실하다거나, 일부가 빠진다면 완성된 건물은 부실해져서 붕괴의 위험이 발생할 수 있다. 긴 수험 생활에서 한두 시간은 작아 보일지 몰라도 모이면 하루, 이틀, 일주일이 된다. 그리고 그 시간은 시험의 당락을 결정하는 1~2점의 차이를 만들기 충분하다. 오늘 나의 작은 습관 하나가 합격의 당락을 좌우할 수 있다는 사실을 잊지 말아야 한다.

결국 합격을 결정짓는 건 지능이 아니다. 주어진 시간 내 스스로 공부의 효율을 높일 자질을 갖추고 있는가가 더 중요하다. 시험공부의 목표는 경쟁자보다 조금 더 좋은 점수를 받는 것이다. 비슷한 제약 조건에서 조금 더 앞서가고 싶다면, 공부의 효율을 높일 수 있는 방향으로 일상을 컨트롤 하는 노력이 필요하다.

# 시험형 인간의
# 12가지 생활 습관

**시험에 합격하는 사람들은
일상을 단순하고 규칙적으로 산다.**

합격을 결정하는 1~2점은 생활 습관에서 결정된다. 공부의 질을 높이고, 시간당 효율을 높일 수 있는 습관을 갖추고 있을수록 합격에 유리하다. 지금부터 소개할 12가지 생활 습관은 내가 시험을 준비하며 몸으로 터득하고 효과를 본 합격의 마스터키다. 이를 살펴보고 나는 현재 어떤 수준인지 가늠해보길 바란다. 적어도 8개 이상을 실천하고 있어야 합격에 가까워진다는 사실을 명심하자.

## 규칙적인 생활을 한다

공부는 체력전이다. 따라서 공부 외 체력이 소모될 일을 줄여야 한다. 체력 소모를 줄이는 가장 좋은 방법은 규칙적으로 생활하는 것이다. 인간의 몸은 예상하지 못한 변화에 빨리 적응하지 못하고, 다시 적응하려면 시간과 노력(체력)이 필요하다. 따라서 일주일 단위로 자는 시간, 먹는 시간 및 공부하는 시간을 일정하게 관리하는 것이 좋다. 모든 좋은 습관은 규칙성을 전제로 한다. 규칙적이면 규칙적일수록 좋다. 고시 공부를 할 때는 아침 6시 50분에 일어나고, 7시 30분에 집에서 도서관으로 출발을 하고, 밤 10시에 가벼운 운동을 하는 등 가급적이면 분 단위까지 규칙적으로 관리하려고 했다.

## 적어도 7시간은 잔다

'3당 4락'이라는 말을 들어본 적이 있는가? 3시간 자며 공부하면 합격하고, 4시간 자면 떨어진다는 뜻의 수험생들 사이의 유행어다. 나 역시 고등학생이던 시절 그 말을 믿고 실천하려 노력한 적이 있었다. 밤에 3시간을 자는 데는 성공했으나 낮에 꾸

벅꾸벅 졸다 보니 결국 잠의 총량은 동일하게 되었다. '3당 4락'
이라는 말 자체가 맞지 않다는 사실을 실제 몸으로 부딪혀 깨우
친 것이다.

체력 유지의 기본은 수면이다. 숙면을 해야 피로가 풀리고,
다시 움직일 수 있는 준비를 할 수 있다. 규칙적으로 수면을 취
하는 시간을 정하고 그 시간이 되면 불을 끄고 자자. 따뜻한 물
을 마시거나 온수에 샤워를 하는 것도 숙면을 취할 수 있는 좋은
방법이다. 오늘 하루에 있었던 좋지 않은 일, 후회했던 일 또는
기뻤던 일들이 머릿속을 맴돈다면 잠시 생각을 정리하고 잠자리
에 드는 것도 좋다.


## 아침에 일찍 일어난다

시험공부를 하는 사람 중에는 늦은 새벽까지 공부하고 밤낮
을 바꿔 자는 사람도 있고, 아침 일찍 일어나 공부를 시작하는
사람도 있다. 둘 중 어느 쪽이 좋을까? 결론부터 말하자면, 아침
일찍 일어나는 것이 수험 생활에 유리하다. 일찍 일어날수록 하
루를 길게 쓸 수 있기 때문이다. 오전 6시 30분에서 7시 사이에
일어나는 것을 추천한다. 일어나면 간단한 스트레칭으로 잠을

깨우는 것도 좋다.

물론 밤부터 새벽 시간에 집중이 더 잘 된다며, 새벽까지 공부하고 아침에 자는 사람들도 많다. 사람들마다 공부법이 다 다르겠으나, 이 방법은 추천하고 싶지 않다. 왜냐하면 시험은 아침에 보는 경우가 많기 때문이다. 낮까지 자는 생활 습관에 익숙하다면 시험을 보는 당일 아침에 뇌의 활동이 활발하지 않아 공부한 만큼의 결과가 나오지 않을 수 있다. 따라서 공부는 시험 스케줄에 따라 아침부터 하는 것이 좋다.

## 낮잠을 활용한다

아침에 일어난 후 몇 시간은 집중이 잘되지만, 점심식사를 한 이후부터는 피로가 쌓여 집중력이 조금씩 떨어진다. 오후 3~4시 사이에 약 30분 이내로 잠시 낮잠을 자면 집중력 향상과 피로 회복에 도움이 된다. 코넬 대학교의 사회심리학자 제임스 마스는 '파워 냅power nap'이라는 15~30분의 짧은 낮잠을 제안했다. 이렇게 잠깐이라도 낮잠을 자면 그렇지 않을 때보다 뇌의 활동능력이 34퍼센트나 향상된다고 한다. 주의할 점은 너무 편한 조건으로 자면 30분 내에 일어나기가 어려우니, 잠시 눈을 붙인다는 생각으로 책상에서 휴식하는 정도가 적당하다.


## 규칙적인 식사를 한다

———

체력 유지를 위해서는 규칙적인 식사를 해야 한다. 나는 행정고시를 공부하는 기간 중 아침식사는 7시, 점심식사는 11시 30분, 저녁식사는 오후 5시 30분으로 정해놓았다. 식단도 중요하다. 대충 빵 한 개로 때우기보다 필요한 영양소를 섭취할 수 있도록 챙겨 먹는 것이 좋다. 따라서 내가 공부하는 장소 근처에 괜찮은 식당을 알아두는 것이 좋다. 아무리 시간이 없어도 식사를 거르는 것은 좋지 않다. 시간이 없다면 김밥이라도 먹자. 언제든 제대로 먹어야 한다.


## 공부하는 나만의 장소가 있다

———

장소도 규칙적으로 갈 수 있는 곳이 좋다. 독서실이라면 지정석이겠으나, 도서관이라면 지정석은 아니므로 본인이 공부가 잘되는 일정한 위치를 정하고 그 근처에서 쭉 공부하는 것이 좋다.

도서관에서 자리를 정하는 방법은 사람마다 다양하다. 아늑하고 조용해야 집중이 잘되는 사람도 있을 수 있고, 환기가 잘되거나 전망이 좋은 곳을 선호할 수도 있다. 나는 도서관의 출입문 주변을 선호했는데, 공부하는 동안 필기하는 소리와 같은 소음을 편하게 내도 되고, 환기도 잘돼 너무 답답하지 않아 집중에 도움이 되었기 때문이다. 이렇듯 자신만의 기준으로 일정한 장소를 정하고, 위치는 자신의 선호에 따라 선택하자.

## 일주일에 3회 이상 가벼운 운동을 한다

체력 유지를 위해 운동은 필수다. 숨이 차고 지칠 정도의 운동을 말하는 것은 아니다. 맨손체조 또는 조깅과 같이 짧고 가볍게 할 수 있는 것을 추천한다. 아침에 일어나서 스트레칭 5분, 공부 후에 20분 내외의 가벼운 달리기를 한다면 체력을 유지하는 데 도움이 된다. 공부 중 잠깐씩 휴식을 취하며 산책을 하는 것도 좋다.

운동을 전혀 하지 않고 6개월 정도 공부하다 보면 몸이 처지는 느낌이 들고, 능률도 떨어지기 시작한다. 그러니 평소에 간단한 운동을 하는 습관을 갖도록 하자.

## 나만의 체력 유지 방법이 있다

수험 생활이 길어지고, 나이를 먹으면 체력이 떨어지는 것을 몸으로 느끼게 된다. 1년 정도 수험 생활을 한다고 가정했을 때, 시험 당일까지 한두 달 정도 남은 시점이 되면, 대부분 체력이 떨어져 어디가 아프거나, 이유 없이 짜증이 나거나, 집중력이 떨어져 공부가 잘 안 되는 경험을 하게 된다. 규칙적인 생활, 건강한 식사와 가벼운 운동을 하고 있다고 할지라도 체력이 떨어지는 속도를 줄이기 위한 노력이 필요하다.

## 시험 관련 커뮤니티에 정기적으로 방문한다

수험 기간 중엔 혹시나 놓칠 수 있는 새로운 정보를 얻을 루트가 필요하다. 네이버나 다음 등의 포털사이트에 가보면, 시험의 종류별로 정보 공유를 위한 온라인 카페가 개설되어 있는 경우가 많다. 그중 가장 활성화된 커뮤니티를 하나 골라 정기적으로 방문해 정보를 꾸준히 업데이트하는 것이 좋다. 인터넷 카페를 활용하는 방법은 두 가지다. 가장 많이 보는 교재 및 수강하는 강의가 무엇인지를 확인하는 것과 내가 모르는 정보가 있는지 정기적으로 확인하는 것이다. 주말에 약 30분 정도 카페를 방문해 혹시 새로운 정보가 없는지 확인해보는 것이 좋다.

## 연락하는 지인이 정해져 있다

"경쟁률 높아 잘 안 될 것 같은데 그냥 취직하는 게 어때?"

이런 말 한마디에도 마음의 상처를 크게 받는 게 수험생이다. 그래서 아무리 좋은 친구라도 시험공부를 하다 보면 도움이 되는 친구도 있지만 의도치 않게 방해가 되는 친구가 있다. 마음이 맞는 친구 두세 명 정도와 종종 연락하면서 스트레스를 해소하는 것이 좋다. 연락하는 사람이 많아지면 신경 쓸 일이 많아진다. 괜히 여러 사람과 연락하다가 갈등이라도 생기면 공부하는 데 스트레스만 남고, 연락하지 않느니만 못하다. 시험공부를 하기로 계획한 기간 동안만이라도 주변 사람과 연락을 줄여 효율적으로 시간을 관리할 수 있도록 하자. 심리적인 영향을 주는 요인들은 사전에 차단하는 것이 바람직하다.

## 명상을 한다

명상은 마음을 차분히 가라앉히고 집중하는 데 도움이 된다. 한번에 몇 시간 동안 공부에 집중하다 보면 정신적으로 쉽게 피로해지기 마련이다. 따라서 정해진 공부량을 마쳤거나, 한 단락이 마무리되었을 때 잠시 휴식을 취할 필요가 있다. 이 휴식 시간에 명상을 활용해보길 추천한다. 만약 잠시 쉬는 도중에 게임이나 수다 등 자극이 심한 활동을 할 경우 이후 다시 공부에 집중하기까지 시간이 오래 걸릴 수 있다. 잠시 아무런 생각을 하지 않고 눈을 감아 명상에 잠기는 것은 다른 휴식 방법들보다 몇 배 좋은 행동이다. 이때 취향에 따라 음악을 듣는 것도 추천한다.

## 바른 자세를 유지한다

공부는 체력 소진이 적고 집중이 오랫동안 잘되는 자세로 해야 한다. 만약 뻐딱한 자세로 오래 공부하면 어깨나 목이 결린다. 한번 결리면 통증이 오래 지속되고 스트레칭으로도 잘 회복되지 않는다. 통증은 집중력을 흐트러지게 하는 요인이다. 오래 앉아 있으려면 바른 자세를 유지하는 연습이 필요하다. 허리를 곧게 세우고 어깨를 편 상태로 공부하려고 의식적으로 노력하자. 체력적 부담이 적은 방식으로, 오랜 시간 앉아서 공부하는 것에는 그만한 기술이 필요하단 사실을 잊지 말아야 한다.

# 불합격을 부르는
# 10가지 생활 습관

때로는 좋은 습관을 만드는 것보다
나쁜 습관을 고치는 것이 더 좋다.

공부 효율을 높이는 생활 습관이 있는가 하면, 이를 방해하는 습관들도 있다. 개인의 전략에 따라 일시적으로 선택한 방법이라면 어쩔 수 없지만, 다음에 언급되는 내용들은 장기적으로 좋은 영향을 주기 어려운 습관들이니 조심하기 바란다. 만약 6개 이상 해당이 된다면, 내 생활을 다시 한번 돌아볼 필요가 있다.

## 매일 학원에 간다

시험공부를 시작하는 시점에 가장 많이 하는 실수다. 관련해서 아는 것이 없으니 먼저 학원에 의존하고 보는 것이다. 처음 마주하는 과목을 이해하고 알아가는 단계라면 학원 강의가 필요할 수 있겠지만, 시험 직전까지 매일 학원에 가거나, 강의를 듣고 있다면 제대로 공부하지 않았을 확률이 높다. 만약 시험 전까지 강의를 듣더라도 유념해야 할 것이 있다. 스스로 공부하는 시간을 반드시 확보해야 한다는 점이다. 반드시 명심하자. 혼자서 책을 보고 암기하는 시간을 거쳐야 비로소 자기 것이 된다.

## 완벽한 공부를 추구한다

완벽하게 이해가 되지 않으면 진도를 나가지 못하는 성격은 시험공부의 효율을 망치기 십상이다. 우리의 목표는 시험에 합격하는 것이지 완벽을 추구하는 것이 아니다. 만약 당신이 이런 성격을 갖고 있다면 시험공부를 시작할 때 반드시 명심하라. "나는 학자가 되기 위해 공부를 하는 것이 아니다"란 사실을.

처음 공부를 시작하면 한 과목을 모두 이해하는 것은 불가능에 가깝다. 뒷부분을 공부하며 어려웠던 앞부분이 이해가 되는 경우도 많다. 잘하고 싶은 의욕에 완벽주의로 공부한다면 한 부분은 잘 알 수 있어도 결국 전체 내용을 익히는 데 시간이 오래 걸리게 되고, 시험공부의 당초 목표 달성에는 도움이 되지 않을 수 있다. 일단 이해되지 않는 부분이 있어도 완벽함보다는 목표 달성에 초점을 두고 넘어가려는 노력이 필요하다. 때로는 마음 한구석이 불편하더라도 그럴 수 있어야 한다.

## 하루 1시간 이상 대화하며 스트레스를 푼다

오랫동안 다른 사람들과 대화하는 것은 많은 체력을 필요로 할 뿐만 아니라 정신적인 소모도 크다. 또한 대화가 끝난 후에도 대화의 내용들이 머릿속에 잡념으로 남아 공부를 방해하는 경우가 많다. 따라서 시험이 가까워질수록 가급적 혼자 생활하는 것이 좋다. 혼자 생활해야 규칙적인 생활을 유지할 수 있고, 다른 사람과의 교류를 줄여야 인간관계에서 나타나는 육체적, 정신적 스트레스를 덜 받을 수 있다.

## 즐겨 하는 게임이 있고, 이를 놓지 못한다

잠깐의 게임은 기분을 전환시켜줄 수도 있으나, 대부분 잠깐에서 멈추지 못하기 때문에 결국 공부에 지장을 초래한다. 특히 게임을 함께하는 친구가 있다면 더욱 위험하다. 친구들과 게임을 하면 게임하는 시간을 조절하기 어렵고 중독될 위험이 크며 중독되어도 벗어나기 힘들다. 특히 모바일 게임은 취약이다. 매일, 아주 쉽게 게임에 접속할 수 있기 때문에 핸드폰에서 지우는 것이 바람직하다.

## 술을 좋아한다

간은 우리 몸의 피로를 회복시키는 역할을 하는 아주 중요한 기관이다. 그런데 술을 마시게 되면 이러한 간에 부담을 주게 되고, 결국 수험 생활에서 꾸준한 체력을 유지하는 데 부정적인 영향을 미친다. 특히 자주 마시는 것은 금물이다. 정말 참기 어렵다면 날을 정해 크게 취하지 않을 정도로 마시도록 하자. 나는 수험 기간 중에는 술을 전혀 마시지 않았다.

## 좋아하는 TV 프로그램이 많다

게임과 비슷한 이유이다. 기본적으로 시간이 많이 소요되는 취미는 바람직하지 않다. 그런데 요즘은 TV뿐만 아니라 넷플릭스 등 다양한 OTT 서비스가 등장해 유혹에 넘어가기 쉽다. 특히 주의해야 할 것은 '정주행'이다. 밤새 드라마를 정주행하면 생활리듬이 완전히 무너질 수 있으니 주의해야 한다. 꼭 보고 싶은 것이 있다면 한 주에 시간을 정해 규칙적으로 보기를 바란다.

## 공부를 하며 다른 일을 한다

돈이 없어서 어쩔 수 없이 일을 하며 공부해야 하는 경우가 있다. 공무원 시험과 같이 대부분의 수험생들이 전업으로 공부만 하는 경우라면 자신도 수험공부 외의 학업이나 아르바이트와 같은 경제 활동을 가급적 줄이는 것이 좋다.

만약 생활비를 벌기 위해 단기 아르바이트를 하며 시험공부를 해야 한다면, 시험공부를 하며 아르바이트를 하는 것보다, 아르바이트를 해서 돈을 모아둔 후 공부에만 몰두할 수 있는 환경을 만드는 것을 추천한다.

## 시험과 관련 없는 인터넷 서핑과 SNS를 자주 한다

공부 중에 하는 인터넷 서핑과 SNS는 집중력을 흐트러뜨린다. SNS 중독이라고 할 수 있을 정도로 자주 하는 사람들이 많은데, SNS를 줄이기 위해서라도 인간관계를 줄일 필요가 있다. 어느 정도 해야 한다면, 시간을 정해두고 그 시간에만 하는 것을 추천한다.

## 다이어트를 하고 있다

수험 기간 중 체력 유지에 도움이 되지 않는 행동은 모두 '사치'라고 판단하면 된다. 시험을 합격한 후 다이어트를 시작해도 늦지 않다. 가장 중요한 것은 시험 합격이다. 무리한 운동을 통한 다이어트는 삼가야 하고, 반대로 살찌는 음식을 과도하게 먹어서 급격하게 체중이 늘어나지 않도록 관리해야 한다. 급격하게 체중이 올라가면 체력이 떨어질 가능성이 높기 때문이다.

# 야식을 좋아한다

저녁식사를 오후 6시경에 한다고 가정했을 때 밤 11시가 넘으면 슬슬 출출함을 느낄 것이다. 가급적 야식을 먹지 않고 자정이 되기 전에 잠드는 것이 좋다. 잠들기 2시간 전부터는 아무것도 먹지 않는 것이 위장 건강에 좋다고 한다. 특히 치킨과 같이 소화가 잘되지 않는 음식을 야식으로 먹으면 결국 소화를 시킨다고 늦게 자게 되고, 다음 날 일찍 일어나기 어려워진다.

# 합격의 한 끗을 만드는 디테일한 습관 형성법

**미루지 마라.**
**오늘 죽지 않는 이상, 일을 미룰 내일은 또 온다.**

습관이란 어떤 행위를 오랫동안 되풀이하는 과정에서 저절로 익혀진 행동이다. 한마디로 크게 의식하지 않고 매일 할 수 있다면, 그게 바로 습관이다. 공부에 최적화된 생활을 보내는 것만으로도 다른 사람에 비해 앞서가게 된다. 내가 빠르게 합격할 수 있었던 비결 역시 좋은 습관을 통해 공부의 효율을 높였기 때문이다. 그렇다면 좋은 습관은 어떻게 만들 수 있을까?

## 좋은 습관을 만드는 원칙을 세워라

시험을 준비하는 동안은 공부 외 다른 것에 에너지를 쏟고 싶지 않았다. 좋은 습관을 만들기 위해 의도적으로 내 에너지를 많이 쓰기 시작하면 습관을 만들기도 전에 지칠 것 같았다. 그래서 내 습관의 원칙을 세웠다.

첫째, 의식하지 않아도 될 것.

둘째, 실천할 때 기분이 좋을 것.

셋째, 매일 해도 무리가 없을 것.

이 세 가지 원칙에 딱 맞는 습관이 바로 '양치'다. 양치는 의식하지 않아도 매일 하게 되며, 양치한 후 상쾌함은 기분을 환기시킨다. 그래서 나는 처음 습관을 만들 때 양치에 특정 행동을 연결시켰다.

하루 세 번 양치를 하며 아침엔 오늘 해야 할 공부의 양을 가늠했고, 점심 땐 오후에 공부할 내용을 상기했으며, 자기 전 양치를 하며 오늘 공부는 어땠는지 '평가'했다.

이처럼 스스로 습관의 원칙을 세워보자. 새로운 습관은 한순간에 만들기 어렵다. 그러므로 공부에 무리가 가지 않도록 아주 작은 것부터 바꿔나가는 노력이 필요하다.

## 아주 쉬운 습관 만들기

습관의 원칙을 세웠다면 이제 좋은 습관을 만들어볼 차례다. 여러 방법이 있겠지만 지금 바로 실천 가능한 아주 간단한 방법 두 가지를 소개한다.

### 일상 행동에 새로운 습관을 연동시켜라

평소 거리낌 없이 하는 행동에 '습관'을 연동시켜보자. 앞서 내가 하루 세 번 양치를 하는 동안 의식적으로 오늘의 공부를 평가한 것처럼 늘 하는 행동에 작은 습관을 붙여 의식하며 몸에 익혀보는 것이다.

이 방법이 쉬운 이유는 의식하지 않아도 된다는 점이다. 헬스장에 가는 것을 예로 들어보자. 헬스장에 가야 한다는 걸 머리는 알지만 몸으로 실천하긴 어렵다. 이처럼 일상에 새로운 행동을 더하는 것은 생각보다 부담이 된다. 따라서 거부감을 줄이고, 몸으로 체득할 수 있도록 반복되는 일상적 행동에서 답을 찾아보길 추천한다.

### 눈앞의 사물과 행동 연결시키기

지속적으로 좋은 습관을 의식할 수 있도록 자신이 바꾸어야하는 습관과 관련된 물건 앞에서 이를 상기시키는 연습을 해보는 것도 좋다. 예를 들어 컴퓨터 앞에 '30분 내에 사용하기'라고 포스트잇을 붙여두거나 필통 앞에 '허리를 항상 꼿꼿이'라고 메모를 적어 테이프로 붙여두면 공부할 때 흐트러진 자세를 한 번씩 바로잡게 될 것이다.


## 좋은 습관은 마음가짐에서 온다

이미 체화된 습관을 바른 습관으로 바꾸는 것은 큰 의지를 필요로 한다. 특히 잘못된 습관은 자꾸 그렇게 하고 싶도록 우리의 몸을 유혹한다. 습관이 바뀌기 전까지는 계속 의식을 하려는 노력이 필요하다.

특히 중요한 것은 마음가짐인데, 습관 형성에 가장 불필요한 생각이 바로 '내일부터 시작하자'다. 오늘 죽지 않는 이상, 하루가 지나면 다음으로 미룰 '내일'은 늘 존재한다. 좋은 습관을 만들기 위해 '오늘만 하겠다'고 생각하자. 늘 현재는 '오늘'이고, 내일이 되어도 나는 '오늘'만 하면 되기 때문이다.

# 집중할 수밖에 없는
# 공부 환경의 비밀

조금 더 좋은 출발선에 서고 싶다면
지금 내 삶에서 불필요한 것들을 덜어내자.

나쁜 환경에서 공부하는 것은 좋은 환경에서 공부하는 수험생들과의 경쟁에서 불리한 출발선에 서는 것과 같다. 여기서 말하는 환경은 외적인 요인으로 '공부하는 나' 주변의 모든 것을 뜻한다. 따라서 이는 모두 원하는 대로 통제하기 어렵다. 하지만 스스로 좋은 환경과 나쁜 환경이 무엇인지 알고 있어야 이를 개선해나가려는 노력을 할 수 있다.

## 책상을 깨끗이 하라

책상은 되도록 책과 필기구, 공부에 필요한 전자기기 외에는 올려두지 않는 것이 좋다. 지저분한 책상은 앉기도 싫어지고 위생 면에서도 좋지 않다. 책이 널려 있으면 정신이 산만해진다. 책상 위에는 필기구, 지우개, 자, 현재 공부할 책, 물이나 음료수, 휴지(또는 물티슈) 정도만 두고 다른 것은 시선이 닿지 않는 곳으로 치워두자. 특히 공부하는 책상 위에는 스마트폰이 없어야 한다. 자꾸 손이 가기 때문이다.

## 경제적, 시간적 여유를 만들어라

경제적, 시간적 여유는 심적 여유를 만든다. 따라서 스스로 경제적, 시간적 여유가 있다면 이를 최대한 활용하는 것이 좋다.

경제적으로 여유가 없다면 '나는 왜 경제적으로 어려운가'라고 신세를 한탄하기보다, 가장 효율적인 공부를 고민해볼 수 있는 기회라고 생각하자. 나 역시 행정고시를 준비할 때는 경제적으로 넉넉지 않았다. 딱 필요한 수업과 책만을 선택할 수밖에 없었고, 그러다 보니 오히려 쓸데없는 강의를 듣기보다 스스로 공부하며 내용을 정리하는 방법을 터득할 수 있었다.

일반적으로 직장인은 학생보다 경제적으로 여유가 있다. 하지만 반대로 시간이 부족하다. 이땐 시간을 어떻게 경제적으로 메울 수 있는지 생각해보아야 한다. 직장인이 되어 처음 공부를 했을 때 나는 돈으로 부족한 시간을 채워보려고 했다. 예를 들어 일주일에 세 번밖에 못 가더라도 매월 독서실 정기권을 끊었고, 조금만 필요해도 인터넷 강의을 구매하여 수강했다. 돈을 투자하여 부족한 시간의 효율을 메울 수 있다고 판단했기에 이를 과감히 선택한 것이다. 이처럼 자신이 가진 것에서 효율을 높일 수 있는 투자가 무엇인지 판단할 수 있어야 한다.

## 함께 시험을 준비하는 친구를 둬라

시험공부를 할 때 생기는 외로움 그 자체를 완벽히 없앨 수는 없다. 왜냐하면 '결국 시험공부는 혼자 하는 것'이기 때문이다. 행정고시를 준비하던 당시, 난 열흘간 아무와도 대화하지 않고 공부만 했다. 열흘 만에 입을 열게 된 것은 분식점에서 식사를 주문하기 위해서였다. 얼흘 만에 뱉은 첫마디가 "떡만둣국 주세요"라니…. 그만큼 공부를 할 때는 누구와 교류할 기회가 적다.

수험 기간 중 외로움을 달래며 도움을 받을 수 있는 가장 좋은 방법은 함께 준비하는 친구와 대화를 하는 것이다. 같은 시험을 준비하는 친구와 대화하면 대화의 주제가 시험공부로 한정될 수 있다. 내가 공부하면서 힘든 점을 동료인 친구도 그렇다고 느낀다면 공감이 되어 힘을 얻게 되고, 친구는 어렵다고 느끼지 않는다면 나의 문제점을 발견하는 기회가 될 수 있다. 함께 공부하는 친구가 있다는 것 자체만으로도 힘이 되기도 한다.

## 예측 가능한 삶을 추구하라

여러 번 강조했듯이 시험공부를 할 때 가장 중요한 것은 '생활이 규칙적'이어야 한다는 것이다. 가급적이면 불확실한 일정은 피하는 것이 좋다. 갑작스럽게 샴푸와 같은 생필품이 떨어질 것을 대비해서 필요한 물건들은 많이 쟁여두어라.

일정이 예측 불가능한 경우는 주로 직장인에게 생긴다. 갑작스러운 출장과 회식이 잦은 직장이라면 계획대로 공부하기가 힘들다. 아르바이트를 하며 준비하는 수험생도 마찬가지일 것이다. 만약 예측 불가능한 상황이 단기적인 것이라면 그 상황이 끝난 후 공부를 하는 것이 좋고, 그 상황이 장기적이라면 다른 사람보다 갑작스러운 상황에 대비하여 수험 기간을 평균보다 길게 잡아야 할 것이다.

## 집과 가까운 곳에서 공부하라

집에서 공부가 잘되지 않는 사람이라면 수시로 나가서 공부할 수 있는 장소를 만들어두는 것이 좋다. 요즘은 온라인 교육이 발달해서 반드시 신림동 또는 노량진으로 가서 공무원 시험을 준비해야 하는 것도 아니다. 집에서 지내며 공부하는 것이 심리적으로 안정이 된다면 집 근처에 있는 쾌적한 공부 장소를 찾아보는 것이 좋다.

특히 코로나19로 주변 독서실이나 도서관 등을 이용하기 어려울 수 있는데, 그럴 때일수록 나만의 아지트를 만드는 것이 중요하다. 주변에 조용하게 공부할 수 있는 공간이 있다면 가장 좋지만, 그런 장소를 찾을 수 없다면 집을 공부하기에 적합한 환경으로 만들어야 한다.

# 공부 환경을 지배하는 자가
# 합격한다

**내가 지금 당장 통제할 수 있는 것에 집중하자.**
**방법은 나에게 있다.**

 

수험 상담을 해보면 "저희 집 상황이 좋지 않아서요"라는 말을 자주 듣는다. 상황이 좋지 않다는 것은 결국 공부하기 나쁜 환경이라는 의미다. 물론 환경이라는 것 자체가 나를 둘러싸고 있는 요인이라 스스로 조율하는 데 한계가 있다. 그럼에도 공부에 상당한 영향을 주는 것은 틀림없기에 환경은 결국 내가 관리해야 할 하나의 요소이다. 이번에는 내가 바꿀 수 있는 범위 내에서 공부 환경을 관리하는 법에 대해 알아보고자 한다. 시원찮은 환경에서 성공하는 사람을 뜻하는 '개천에서 용 난다'는 말처럼, 주어진 환경을 잘 관리할 수 있다면 어디서든 효과적으로 공부할 수 있다.


## 집중력을 죽이는 나쁜 환경 4가지

앞서 살펴본 것처럼 공부하기 좋은 환경을 갖춘 사람이 있는가 하면, 그렇지 못한 사람이 더 많을 확률이 높다. 그렇다면 집중력을 죽이는 나쁜 환경의 대표적 예를 알아보고, 이를 어떻게 컨트롤할 수 있는지 알아보자.

### 피할 수 없는 스트레스

많은 수험생의 고민은 부모님과의 관계에서 비롯되는 경우가 많다. "이번에도 떨어지면 내년부턴 취업 준비해!" 등 시험을 앞두고 가뜩이나 불안한 마음에 기름을 붓는 말과 행동으로 수험 생활이 흔들리는 경우를 많이 목격했다. 경제적인 지원과 기본적인 환경을 제공받다 보니 부모님의 말에 상처를 받아도 이 환경을 벗어나기란 쉽지 않다. 그러나 편히 쉬어야 할 집에서 받는 이런 스트레스는 집중을 방해하는 대표적인 나쁜 환경이다.

### 매사 부정적인 친구

시험을 준비할 때는 나를 응원해주는 친구가 있다는 것만으로 기운이 날 때가 있다. 짧은 안부 문자에도 힘을 실어주는 친구가 있는가 하면, "그렇게 경쟁률 높은데 너가 되겠냐?"와 같은 말로 당신의 기운을 꺾는 친구도 있기 마련이다. 이런 친구와는 합격 후에도 볼 일이 없으니 관계를 끊도록 하자.

더 조심해야 할 사람은 함께 시험을 준비하며 당신에게 푸념과 불안을 늘어놓는 친구다. 서로의 고민을 나누기보다, 당신을 감정 쓰레기통으로 쓰는 매사 부정적인 친구와는 관계를 끊는 것이 좋다.

### 자주 서운함을 느끼는 애인

애인은 그 누구보다 가깝고 친밀한 사람이다. 애인이 시험공부를 아낌없이 응원하고 지지해준다면 더할 나위 없이 좋겠지만, 그렇지 못한 경우도 많다. 자주 만나지 못해서, 자신을 신경 써주지 않아 서운함을 자주 토로하는 애인이라면 공부에 방해가 되기 쉽다. 만약 시험을 준비하는 지금 애인이 있다면 서로의 발전에 도움이 되는 범위에서 관계를 유지하는 것이 좋다.

## 신경이 분산되는 환경

사람의 머리로 생각할 수 있는 용량에는 한계가 있다. 신경과학자인 대니얼 레비틴의 저서 『정리하는 뇌』에 따르면 사람들에게 '볼펜과 펠트펜 중 어느 것으로 쓸 것인가'와 같은 별다른 의미가 없는 결정들을 연이어 내리게 하자 그 이후의 결정에는 충동 조절 능력이 떨어지고, 판단력도 저하되는 것으로 나타났다고 한다. 우리의 뇌는 하루에 특정 개수만큼의 판단만 내릴 수 있게 구성되어 있어서 그 한계에 도달하면 중요도에 관계없이 더 이상 현명한 판단을 내리기 어려워지는 것이다. 따라서 공부 외적인 결정을 많이 하는 환경에 있을수록 공부할 때 판단력도 흐려지게 된다. 이처럼 신경 써야 할 일이 많아 집중력이 분산되는 경우 역시 피해야 한다.

## 통제 가능한 것을 통제하라

그렇다면 이런 환경은 어떻게 관리해야 할까? 어차피 통제하기 어려운 외적 환경들을 내가 당장 변화시킬 수 있는 방법은 없다. 따라서 단순히 외부 환경을 탓하기보다 실패의 요인을 내면에서 찾는 연습이 필요하다. 만약 친구와의 술자리, 애인과의 데

이트가 집중을 흐트러뜨린다면 이를 마주하는 내 자세를 통제해보자. 거절하는 연습, 이해를 구하고 횟수를 최소한으로 줄이는 연습 등 내가 당장 통제할 수 있는 '나'부터 제어하는 것이 가장 쉽다. 모든 사람들이 내 맘처럼 움직여주진 않으니 말이다.

## 피할 수도 없다면 영향을 최소화하라

앞선 유혹이 일로서 해야 하는 것이라면 피할 수도 없고 내가 조정할 수도 없다. 이땐 영향을 최소화할 수 있도록 공부 계획을 수립해야 한다. 예를 들어 공부 기간을 다른 사람보다 1.5배 이상으로 잡는다든가, 이동 시간이 많다면 그 시간에 할 수 있는 공부를 미리 준비하는 것처럼 피할 수 없는 상황에 적응하여 영향을 최소화하는 것이 좋다.

## 절실함을 가져라

절박한 환경에 있을수록 집중력이 올라가는 경우가 많다. 뒤가 없다는 생각은 오히려 머릿속을 깨끗하게 하고, 그 외의 잡생각 역시 자연스레 사라지게 된다. 앞서 말했듯 나는 군대를 가지 않은 상황에서 행정고시를 준비했는데, 병무청에서 오는 군대 영장을 생각하면 게을러질 수 없었다. 합격하지 못하면 군대에 입대해야 한다는 생각이 절실함을 만들었고, 이는 집중하는 환경을 만들기에 효과적이었다.

하지만 이 절실함에는 두 가지가 뒷받침되어야 한다. 절박함을 버틸 수 있는 단단한 마음과 공부에 집중할 수 있는 환경이다. 이 두 가지가 없다면 절실함은 오히려 마음만 급하게 만들어 부담감만 커질 수 있다.

## 3장

# 시험형 인간의 계획법

"공부의 효율을 극한으로 높이는
합격의 최단 거리를 측정하라"

# 당신의 계획이
# 실패한 이유

시작은 시작일 뿐, 아직 아무것도 이루지 못한 상태다.
그러니 쫄지 마라.

"계획대로 되는 게 하나도 없네."

공부를 한 번이라도 해본 사람이라면 느껴본 적이 있을 것이다. 사실 세상에 계획대로 되는 일은 거의 없다. 그럼에도 불구하고 합격하고 싶다면 계획은 필수다. 계획이야말로 합격으로 가는 이정표이기 때문이다.

## 실패해도 계획이 필요한 이유

실패할 걸 아는데 계획을 왜 세워야 할까? 계획이 있어야 공부의 효율을 극한으로 높일 수 있기 때문이다. 단적으로 계획대로 하루치 목표 공부량을 달성했다고 생각해보자. 그 성취감은 곧 내일의 집중력으로 이어진다. 목표한 만큼을 이뤄냈다는 그 성취감만큼 '할 수 있다'는 의지를 북돋아주는 것도 없다. 또한 좋은 결과를 상상하며 더 힘낼 수 있는 원동력이 된다. 타인의 과도한 믿음은 부담으로 다가올 수 있지만, 스스로 공부하며 쌓아올린 나에 대한 기대감은 좋은 결과를 낼 수 있다는 믿음으로 이어지기 때문이다.

## 계획이 실패하는 이유

하지만 계획을 세우고 지키려 해봐도 채 한 달이 지나지 않아 틀어지거나, 지키지 못하고 실패하고 만다. 더 이상 실패하지 않는 계획을 세우려면 지금까지 왜 실패했는지를 먼저 돌아봐야 한다.

**과도한 욕심**

처음 공부를 시작할 때는 대부분 의욕적이다. 그러다 보니 의욕이 앞서 현실을 보지 못하고 계획을 세우는 경우가 많다. '이 정도는 할 수 있겠지?' '하루에 15시간은 공부해야 다른 사람보다 앞설 수 있겠지?'라고 생각하며 자신의 능력치에 비해 과도한 계획을 세우는 것이다. 이런 마음으로 공부 계획을 세운다면 거의 99퍼센트 실패한다. 빠르면 이틀, 늦으면 한 달 안에 틀어지게 될 것이다. 계획은 초반 의욕의 약 75~80퍼센트 정도로 세워야 한다. 그래야 지치지 않고 오래갈 수 있다.

**초심자의 실수**

시험을 처음 준비해보는 사람은 전체적으로 필요한 공부량을 가늠해보기 어렵다. 아무리 시험에 대한 사전 조사를 면밀하게 했다고 해도 스스로 경험치가 없다면 이를 명확히 파악하긴 어렵다. 그러다 보니 하루 목표치를 너무 과도하게 설정하거나 너무 적게 설정하여 시간 내 필요한 만큼의 공부를 하지 못하게 되는 경우가 많다. 특히 필요한 공부량을 정확히 알지 못해 수험 기간 내 범위를 다 보지 못할 수 있다. 따라서 합격자의 수기, 혹은 학원 수업의 커리큘럼을 토대로 전체 공부량을 정확히 가늠해보는 것이 중요하다.

## 스스로를 과신하는 것

대학 때 전공했던 과목은 쉽게 공부할 수 있겠다는 생각으로 안일하게 계획을 세우는 경우가 그 예다. 이는 확신할 수가 없다. 이론 공부와 시험공부는 그 공부 목적이 다르기 때문에 별개로 생각해야 한다. 공무원 시험에서 국어, 영어와 같은 과목도 마찬가지다. 이미 고등학교 때 배운 적이 있다고 해서 편하게 생각했다가 큰코다치기 십상이다.

## 계획 수정에 대한 두려움

계획을 세우고 첫 1~2주가 지나면 계획이 틀어지기 시작하고 '어차피 못 지키니까 여기까지만 하자'처럼 무너지고 만다. 이때 가장 큰 문제는 계획을 어기기는 하나 바꾸기를 싫어한다는 점이다. 계획을 수정하는 것을 처음부터 계획을 잘못 세워 '실패했다'고 느끼기 때문이다. 잘못된 생각이다. 계획은 완벽할 수 없고, 계획 수정은 필수다. 어쩌다 수정 없이 실현된다면 그것은 순전히 우연에 불과하다.

## 계획에 실패했다고 쫄지 마라

이처럼 대부분 계획은 자신과 시험에 대해 잘 모르기 때문에 실패한다. 성공하는 계획을 세우기 위해선 나와 시험공부에 대한 정확한 이해가 선행되어야 한다. 이제부터 자신의 수준을 파악하고 효율적인 계획을 세우는 법에 대해 알아볼 것이다.

우리는 종종 시작이 반이란 말을 한다. 하지만 시작은 반이 아니다. 시작은 시작일 뿐, 아직 아무것도 이루지 못한 상태다. 그러니 쫄지 마라. 시작은 처음 해보는 것인 만큼 계획한 대로 되지 않았다고 하여 상처받을 필요는 없다. 어차피 이제 시작이니까.

# 나의 공부 자질을
# 파악하라

**효율적인 공부만 따라준다면**
**실력은 바로 올라갈 수 있다는 점을 잊지 마라.**

모두가 한 번쯤 들어봤을 격언 "지피지기백전백승知彼知己百戰百勝". 나를 알고 적을 알면 백 번을 싸워도 백 번을 이긴다는 이 말처럼, 보다 정확히 계획을 세우려면 우선 나 자신을 알아야 한다. 나는 얼마큼 할 수 있는 사람이고, 이 시험에 합격하기 위해선 무엇이 필요한지 가장 먼저 파악해야 한다.

## 나를 냉정하게 바라보는 시선을 키워라

학생들에게 가장 많이 받은 질문 중 하나는 바로 "제가 이렇게 공부해서 그 시험을 보면 합격할 수 있을까요?"다. 하지만 이 질문의 정확한 답을 줄 수 있는 사람은 오직 '나'뿐이다. 그 누구도 나보다 나를 더 잘 아는 사람은 없기 때문이다. 따라서 내가 합격할 만큼의 위치에 도달했는지 객관적으로 판단해보는 노력이 필요하다.

스스로를 평가할 때는 두 가지 유의 사항을 기억하자. 먼저, 나의 능력을 평가하는 요소는 지능이 아니라 '공부에 집중할 수 있는 시간'과 '시험 과목에 대한 사전지식'이란 점이다. 또 다른 하나는 스스로에게 냉정해져야 한다는 점이다. 자신을 바라볼 때 우리는 늘 냉정히 평가하겠다 다짐하면서도 결국 늘 자기합리화로 끝나는 경우가 대부분이기 때문이다. 이 점에 유의하며 아래 두 가지 기준에 초점을 맞춰 평가해보자.

## 첫째, 한 번에 집중할 수 있는 시간은 얼마나 되는가

자리에 앉아 얼마나 집중력 있게 공부할 수 있는 능력을 갖추었는지 진단해보자. 스톱워치를 이용해 집중한 시간이 어느 정도인지 확인하자. 어느 정도 공부를 한 경험이 있다면 1시간 정도는 한 번에 앉아서 공부할 수 있을 것이다. 공부하는 습관이 아직 익숙하지 않은 경우라면 20~30분 정도 앉아 있는 것조차 어렵게 느껴질 것이다.

그렇다면 한 번에 책상에 앉아 있는 시간을 어느 정도까지 늘려야 할까? 되도록 강의 한 편이 끝나는 시간, 혹은 한 단락을 한 호흡에 볼 수 있을 만큼 시간을 늘리는 것이 좋다. 보통 강의 시간이 40~90분 정도니 각자의 시험에 맞춰 최대 2시간까지 한 번에 앉아서 공부할 수 있는 능력을 갖추는 것이 좋다.

## 둘째, 시험 과목에 대한 사전지식이 있는가

"제가 이 과목은 기초가 전혀 없는데 합격할 수 있을까요?"

또 수험생이 가장 많이 물어보는 질문 중 하나를 고르라고 한다면, 위의 질문일 것이다. 결론부터 말하면 과목에 대한 사전지식을 갖추고 있는 경우, 공부를 시작하는 단계에서는 유리하다. 공부를 시작할 때 쉽게 접근할 수 있기 때문이다. 하지만 "이 내용은 예전에 한 번 봤던 내용이니까 금방 할 수 있다"와 같이 쉽게 방심, 자만심으로 이어지게 된다. 또한 잊지 말아야 하는 것은 과목의 내용을 아는 것과 시험 문제의 정답을 맞히는 것엔 큰 차이가 있다는 점이다. 따라서 결국 합격의 당락을 가르는 건 사전지식의 유무가 아닌 '아는 바를 토대로 문제의 정답을 맞힐 수 있는가'에 달렸다.

그리고 여러 번 공부를 하는 과정에서 사전에 그 과목에 대한 지식이 있던 사람과 없던 사람의 차이는 사실상 없어지게 된다. 결국 사전지식은 초반에 얼마나 익숙하게 시작할 수 있느냐의 문제일 뿐 이후 공부 과정에서는 큰 영향을 주지 않는다. 그러니 해당 과목에 어느 정도의 노력이 필요한지 정도를 파악하는 기준이라고 생각하자.

## 중요한 건 현재의 노력이다

후루이치 유키오가 쓴 『1일 30분, 세월이 흘러도 변하지 않는 인생 승리의 공부법』에서 공부 성과를 다음과 같은 식으로 변환하고 있다.

$$y = (a \times b \times x^2) + c$$

이 식에서 $y$는 공부의 성과를 뜻한다. 이 공부의 성과를 계산할 수 있는 요인으로 $a$는 교재와 서비스의 질, $b$는 집중력, $x$는 공부 시간을 뜻하고, $c$는 과목에 대한 사전지식 즉, 과거에 해당 과목을 공부했는가를 의미한다. 결국 이 식에서 보여주는 것은 과목에 대한 사전지식은 공부의 성과를 결정짓는 중요한 요인이 아니라는 점이다. 추가로 공부 습관과 환경에 대한 변수를 추가로 고려해야 하나, 이를 제외하고 봤을 때 내가 공부해보지 않은 과목이라도 지레 겁먹을 필요는 없다. 단지 내가 공부에 충분한 시간을 쏟을 수 있는가, 집중력을 유지할 수 있는가가 더 중요하다. 효율적인 공부를 하면 실력은 바로 올라갈 수 있다는 점을 잊지 말자.

# 하루 공부량을
# 측정하라

계획과 전략은 나를 파악한 후에 해도 늦지 않다.
내 공부 능력의 강약을 파악하는 일을 우선하라.

"나는 하루에 얼마나 공부를 하고 있을까?"

앞서 말한 바와 같이 계획을 세우기 전 가장 먼저 파악해야
하는 것은 나 자신이다. 스스로 하루에 집중할 수 있는 시간을
가늠해보고, 그 능력치를 제대로 파악할수록 효과적인 계획을
세울 수 있기 때문이다. 그렇다면 과연 공부량은 어떻게 측정해
야 할까?

## 공부량을 측정하는 2가지 기준

하루 공부량은 하루 동안 공부에 투자한 '절대적인 시간'과 그동안 나간 진도를 파악해보는 '실제 학습량'을 기준으로 판단해야 한다. 우리는 보통 하루에 공부를 얼마나 했냐고 물어보면 시간으로 대답한다. 하지만 모두 알다시피 책상에 오래 앉아 있었다고 공부를 많이 했다고 볼 수 없다. 종일 자리에 앉아 SNS와 유튜브에 시간을 보내는 경우가 다반사이므로 의자에 오래 앉아 있었다고 해서 공부했다고 볼 수 없는 것이다.

그렇다고 절대적인 시간이 중요하지 않은 것은 아니다. 학습량을 보장하려면 공부할 수 있는 시간을 확보하는 것은 기본이다. 하지만 중요한 것은 내가 하루에 어느 정도의 공부량을 소화할 수 있느냐이다. 그날의 컨디션과 집중력, 공부하는 과목에 대한 친숙함 정도에 따라 동일한 시간을 공부해도 공부량은 달라질 수밖에 없기 때문이다. 따라서 공부에 집중할 수 있는 시간을 도출하고, 이 시간에 맞춰 공부량을 조정하는 전략으로 계획을 세워야 한다.

# 순공시간을 측정하는 법

전업으로 수험 생활을 하는 사람을 예로 들어보자. 먼저 자신이 몇 시간이나 공부할 수 있는지 측정해봐야 한다. 즉, 하루에 내가 몇 시간이나 책상에 앉아 있을 수 있는가를 확인해보자. 시간을 측정할 때는 화장실 가는 시간, 식사 시간, 휴식 시간, 자리에 앉아 딴짓을 한 모든 시간은 제외해야 한다. 이런 시간을 제외하고 공부만 한 시간을 '순공시간'이라 부른다.

이는 스톱워치를 통해 체크해보는 것을 추천한다. 또한 하루만 측정하고 말 것이 아니라 최소 일주일에서 약 한 달 정도 꾸준히 확인해봐야 한다. 공부 의지가 타오르는 초반에는 다소 무리하며 공부를 하기 때문에 순공시간이 지나치게 높게 측정될 수 있다. 따라서 나의 진정한 순공시간을 알아볼 수 있도록 기간을 두고 측정해 그 평균값을 구하는 것이 좋다.

나의 경우 행정고시를 공부할 때 순수하게 공부만 했던 시간은 하루 11시간이었다. 하루 11시간을 순공시간으로 확보하려면 도서관으로 가는 시간, 돌아오는 시간, 잠시 쉬는 시간, 식사 시간, 오후에 낮잠 자는 시간을 모두 포함하여 약 15~16시간을 확보해야 한다.

# 하루에 소화할 수 있는 공부량을 정하는 법

다음으로 실제 공부해야 하는 양, 즉 하루에 소화 가능한 공부량을 확인해봐야 한다. 시험 일정에 맞추어 하루에 반드시 공부해야 할 양이 있다. 내가 실제 어느 정도 공부할 수 있는지와 하루에 공부해야 하는 양을 알아야 내가 어떻게 공부해야 하는지에 대한 전략을 세울 수 있다.

예를 들어보자. 하루에 기본서 30페이지를 봐야 하는데, 과목의 난이도가 높아 내가 30페이지를 하루에 보기 어렵다고 판단했다고 가정해보자. 그렇다면 이에 맞춰 대책을 세워야 한다.

### 대책1 전체 공부 기간을 늘려서 다시 계획을 짜본다

말 그대로 공부에 투자하는 시간을 늘려보는 것이다. 내가 자신 있는 과목에 투자하는 시간은 다소 줄이고, 약한 과목 위주로 공부 시간을 늘이는 것이다. 공부하는 데 시간이 많이 필요하다는 것은 결국 그 과목에 취약하다는 뜻이다. 따라서 가능하다면 일정을 조정하는 방향으로 계획을 수정하는 것이 좋다.

### 대책2 공부 기간을 늘릴 수 없다면 공부법을 바꿔라

공부 시간을 늘릴 수 없다면, 30페이지를 소화할 수 있는 방법으로 바꾸어보자. 원래는 혼자 공부하려고 했는데 어려워서 시간이 걸린다면, 강의를 듣는 방법으로 변경하는 등 보다 쉽게 소화할 수 있는 방법을 고려해볼 수 있다. 예를 들어 혼자 30페이지를 보기 위해선 더 많은 시간이 필요하지만, 강의를 듣는다면 그만큼 시간이 줄어들 것이다.

또한 만약 전체 내용을 모두 이해하면서 학습하려고 했다면, 방법을 바꾸어서 50퍼센트만 이해하고 나머지는 암기해서 시험 문제를 풀겠다는 전략으로 바꾸는 것도 좋다. 아니면 공부해야 할 파트 중 시험에서 자주 출제되지 않는 부분은 일단 제외하고 학습하는 것도 좋은 전략이다.

## 계획과 전략은 나를 파악한 후에 해도 늦지 않다

이렇게 내가 공부할 수 있는 시간과 능력과 하루에 공부할 수 있는 양을 고려해서 공부 계획과 전략을 세워야 한다. 따라서 학습 초반 계획을 세우는 시점에 내가 몇 시간 공부할 능력이 되는지를 알아야 하고, 이를 측정하면서 실제 공부할 수 있는 양도 함께 측정해야 한다.

만약 강의를 듣는다면 강의를 수강한 후 복습하고 정리하는

데 얼마나 걸리는지를 확인하고 혼자 책을 보며 공부하는 경우 한 과목을 하루에 몇 페이지씩 읽는지를 확인해보자. 과목에 대한 선호, 과목의 사전지식 여부에 따라 과목별로 하루에 소화할 수 있는 양이 다를 것이다. 정확하게 수치적으로 측정할 필요까지는 없다. 단, 과목별로 어떤 과목이 시간이 더 걸리고 덜 걸리는지 정도로 강약을 확인하는 것은 중요하다.

# 최적의 수험 기간을
# 설정하는 법

수험 기간이 길다고 반드시 합격하는 것은 아니다.
시간이 내 편이 될 수 있는 전략을 고민하라.

"○○시험 합격하려면 얼마나 걸리나요?"

처음 공부할 때 많은 사람들이 궁금해하는 질문이다. 행정고
시를 합격하는 데는 얼마나 걸릴까? 1년이 걸린 사람도 있는 반
면, 10년을 준비해도 신림동 고시촌을 떠나지 못하는 사람도 있
다. 결국 사람에 따라 수험 기간은 다르다.

그러나 모든 시험에 '평균 수험 기간'이라는 기준은 있다. 이
는 일반적으로 사전지식이 없는 사람이 공부를 시작하여 합격하

는 데까지 걸리는 시간을 의미한다. 즉 일반적으로 수험생들이 공부를 시작하여 그 시험을 합격하는 데 필요한 평균 기간이라고 볼 수 있다. 공무원 시험의 경우 2~3년, 세무사, 공인회계사와 같은 자격증의 경우 3~4년 정도라고들 말하지만, 평균 수험 기간은 계획의 지표가 될 수 있을 뿐 절대적인 의미는 없다. 내가 얼마나 잘 하느냐에 따라 수험 기간은 줄어들기도 늘어나기도 하기 때문이다.

## 수험 기간을 어느 정도로 설정할 것인가

그렇다면 수험 기간을 어느 정도로 설정하는 것이 좋을까? 보통 하나의 시험은 여러 과목으로 구성되어 있는 경우가 많다. 이때 어떤 과목에 얼마큼의 시간을 배정해야 하며, 총 준비기간은 어느 정도로 잡아야 할까? 이에 대한 해답은 학원의 강의계획표에서 찾는 것이 좋다. 보통 학원 강의는 한 과목이 시험에서 차지하는 비중, 과목의 난이도, 학생들이 이해할 수 있는 하루 공부량 등을 기초로 하여 시간 배분을 한다.

공인중개사 시험을 예로 들어보자. 매년 10월 말에 시험이 끝나고 나면, 학원에서는 11~12월에 기초 입문 강의가 시작된다. 그리고 다음 해 1~6월 기본 강의, 5~8월 문제풀이, 9~10월 이론 정리 강의까지 하여 1차, 2차 과목 전체를 준비하는 데 1년 정도의 일정으로 구성된다. 이 강의를 모두 따라 들으라는 뜻이 아니다. 사전지식이 없는 상태에서 공인중개사 시험을 처음 준비한다면, 위의 커리큘럼을 바탕으로 이 정도의 시간이 공부하는 데 필요하다는 것을 알고, 하나의 가이드로 사용하란 것이다. 나에게 조금 익숙한 과목이라면 기본 이론을 습득하는 기간은 학원에서 제시한 기간보다 조금 줄이고, 자신이 없거나 수험생들 사이에서 상대적으로 어렵다고 생각하는 과목에 조금 더 시간을 투입하도록 계획을 세우는 것이 바람직하다.

과목을 보는 순서도 특별한 선호가 없다면 학원에서 정하는 순서를 따라가는 것이 좋다. 대부분의 수험생들도 그런 순서로 공부할 것이다. '다른 사람과 동일한 방식으로 계획해서 어떻게 합격할 수 있을까?' 하는 고민을 할지도 모른다. 전체적인 계획을 세우는 것에서는 다른 수험생들과 차별화하는 것보다는, 비슷한 전략을 취하되 공부의 효율을 높이는 방식을 택하는 편이 더 효과적이다. 시험은 마라톤과 유사하다. 전체적으로 다른 사람들과 비슷하게 뛰다가 막판 스퍼트로 먼저 결승선에 들어가는 것이 시험이다. 조반부터 남들보다 빨리 달리려고 노력할 필요는 없다.

# 다른 수험생에 비해 준비기간이 부족하다면

개인적인 사정으로 다른 사람들보다 준비기간이 부족한 경우가 있다. 평균 수험 기간보다 단축하여 공부해야 하는 경우에는 같은 시간 내 효율을 높이는 방법을 선택할 수밖에 없다. 짧은 수험 기간이라는 불리한 조건의 영향을 최소한으로 줄이려면, 다음과 같은 방법이 효율적이다.

첫째, 학원강의를 듣는 시간을 줄이고 책을 혼자 보는 시간을 늘려야 한다. 강의를 듣는 것은 내용을 이해하는 데에 도움은 되지만, 시간이 오래 걸린다. 사전지식이 있는 과목, 즉 내가 예전에 공부한 적이 있는 과목이라면, 강의보다는 책을 보는 시간으로 대체하는 것이 좋다. 만약 온라인 강의 등을 들으면서 정리하겠다면, 재생 속도를 1.3배 이상으로 올려 들으면서 빠르게 정리하는 것이 좋다. 또한 시간을 좀 더 아끼고 싶다면, 반드시 들을 필요가 없는 문제풀이나 마무리 강의는 건너뛰자. 특히 시험 직전에는 혼자서 정리하는 것이 효율적이다.

둘째, 객관식 시험의 경우 기본서를 오랫동안 붙잡고 읽는 것보다 문제풀이 위주로 빨리 전환하는 것을 추천한다. 문제를 많이 보는 방식은 투입 시간 대비 고득점을 올릴 수 있는 효과적인 전략이다. 기본서는 약한 파트를 이해할 때 찾아보는 용도로 활용하기 바란다.

셋째, 깊은 이해보다는 개념 이해와 암기 중심으로 학습하자. 시험공부는 답을 맞히기 위한 것이지, 특정 분야를 깊이 탐구하기 위한 것이 아님을 명심하자. 너무 깊은 이해보다 전체적인 개념을 정확하게 이해하는 데 초점을 맞추자. 그리고 이해가 안 되는 부분은 과감하게 '암기모드'로 전환하자. 암기 방법은 반복적으로 보는 것이든, 유치한 연상법을 쓰는 것이든, 더 쉽게 외울 수 있는 방법이라면 무엇이든 좋다. 예를 들어 머튼Merton이라는 학자가 관료제의 부작용으로 최고관리자의 지나친 통제를 지적했다는 것을 암기하려고 할 때, 너무 깊게 이해하려고 노력하기보다 '머튼은 머든 통제하시는 분'이라고 빠르게 외우는 것이 좋다. 준비기간이 길수록 유리한 것은 아니니 시간이 부족하다는 이유만으로 낙담하지 말자.

## 시간이 많을수록 합격에 유리한가

평균 수험 기간보다 시간이 많다면 반드시 유리할까? 결론적으로 말하면 전혀 그렇지 않다. 10년을 공부해도 떨어지는 사람이 있는 반면, 1년을 공부해도 한 번에 합격하는 사람이 있다. 시험을 준비하는 데 있어서 가장 이상적인 기간은 평균 수험 기간 + α(조금의 여유) 정도이다. 더 많은 기간은 굳이 필요가 없다.

준비기간에 여유가 있다면 하루에 공부하는 분량을 조금 줄이고 전체 일정을 넉넉하게 잡는 것이 좋다. 하루의 공부량을 줄여서 남는 시간에는 체력 관리를 하거나 다른 수험생들과의 차별화 전략을 준비하는 것을 추천한다. 차별화 전략으로는 다른 수험생보다 문제집 한 권 더 보는 것 정도를 추천한다.

수험 기간이 길어진다고 반드시 시험 당일 더 많은 것이 기억나는 것은 아니다. 반대로 그 기간이 길어지면 마지막에 더 지칠 수도 있다. 수험 기간이 자신에게 유리한 영향을 줄 수 있도록 관리하는 것이 더 중요하다.

# 역산법으로
# 일일 계획을 세워라

**원래 계획은 바뀌는 것을 전제한 개념이다.**
**공부해나갈수록 실제와 계획이 맞물려간다는 것을 잊지 마라.**

'하루에 얼마나 공부해야 할까?'

처음 계획을 세울 때 반드시 고려해야 하는 요소다. 시험을 준비하는 경우, 시험 일정이 이미 정해져 있으니 내가 공부할 수 있는 기간도 자연히 정해지게 된다. 따라서 시험 일정에 맞추어 하루에 반드시 공부해야 할 양을 도출할 수 있다. 이는 집을 짓는 것과 비슷하다. 집을 완공해야 하는 마감일에 따라 전체 공사 기간이 결정되고, 그러면 하루에 쌓아야 하는 벽돌의 양이 계산

되는 것처럼 말이다. 이렇게 전체 수험 기간과 공부량을 파악해 일일 단위로 역산해 계획을 세워보자.

## 전체 수험 기간 속에서 하루의 의미

하루의 공부가 쌓여 전체의 공부가 완성된다. 따라서 전체 수험 생활 속에서 하루의 공부가 도출되어야 한다. 시험공부의 목표는 점수를 높게 받는 것이다. 고득점을 위해 필요한 공부량을 설정하고, 전체 수험 기간으로 이를 분배한 후 하루의 공부량을 정해야 한다. 만약 그날의 공부량을 다 채우지 못한다면 일정이 밀리게 되고, 밀린 일정은 전체 수험 계획에 영향을 준다. 하루 공부량이 전체 일정을 어그러뜨릴 수 있는 만큼, 하루하루 계획한 양을 달성하는 것은 중요하다. 집을 짓는 과정에서 중간에 벽돌이 빠지면, 전체 집이 무너질 수 있다는 점을 잊어선 안된다.

## 시험공부는 한 달 전까지 정리를 끝내자

시험 전날에 느껴본 적이 있을 것이다. '아, 일주일 아니 하루만 더 있었어도 좋을텐데….' 시험 전날만 되면 매번 공부가 조금 부족한 것 같아 후회가 된다. 그런데 재미있는 점은 시험 때마다 늘 같은 후회를 반복한다는 것이다. 후회를 줄이는 방법은 간단하다. 시험을 보기 한 달 전에 모든 내용을 정리할 수 있도록 계획을 세우면 된다. 나머지 한 달은 정리한 내용을 반복하는데 집중한다. 그러면 늘 반복하던 아쉬운 후회는 하지 않는다. 대부분의 수험생들은 시험 전날 그 단계까지 올리는 것으로 계획을 짤 것이다. 그렇게 계획을 세우면 보통 조금 계획이 밀리거나, 앞서 본 내용이 잘 기억나지 않아 후회할 수 있다. 전형적인 패턴이다.

내용을 익히기 위한 공부와 시험을 준비하는 공부는 다른 측면이 있다. 시험을 치르기 한 달 전까지 하는 공부는 내용을 익히기 위한 공부이다. 마지막 한 달은 시험을 잘 보기 위한 준비를 하는 시간이다. 시험을 잘 보기 위한 공부는 '시험형 인간의 한 달 전략'에서 자세히 언급하도록 하고 여기에서는 마지막 한 달을 제외한 나머지 수험 기간의 전체적인 공부 계획을 세우는 방법에 대해 설명하겠다.

## 첫째, 전체 공부량을 정하라

일반적으로 시험공부에 필요한 책들의 종류는 기본서, 기출 문제집, 진도별 모의고사, 동형 모의고사, 요약노트(서브노트) 등이다. 시험을 준비하는 동안 다른 수험생들은 각 책마다 얼마큼 공부를 하는지 그 전체 양을 확인해보자. 이때는 합격자들의 수기를 참고해도 좋다. 다음의 표는 그간의 시험 경험과 합격자들의 수기에서 책의 종류에 따라 달라지는 공부량을 정리해놓은 표다.

## 둘째, 과목별로 가용할 수 있는 시간을 산정하라

공부해야 할 양을 산정했다면, 이제 과목별로 필요한 소요 시간을 계산해보자. 나의 과목별 공부 수준, 학원 일정 등을 참고하여 정하면 된다. 나는 학원 일정에 맞추어 과목별 시간을 배정했다. 예를 들어 학원에서 행정학 기본 강의가 주 2회씩 8주간 진행된다면, 그 강의를 듣지 않더라도 나 역시 해당 과목을 8주간 주 2회씩 공부하는 것으로 시간을 배정하면 된다.

## 책의 종류에 따른 공부량 비교표

| 책의 종류 | 필요한 공부량 |
|---|---|
| 기본서 | • 기본 회독 : 1~2회<br>• 기본서 단독으로 공부할 경우 회독 : 5~8회<br>• 기본 회독 이후, 요약서로 정리할 것인지 기본서로 단권화하여 반복해서 읽을 것인지 정한다(시험 유형에 따라 다름). |
| 기출<br>문제집 | • 기본 회독 : 3회독 이상<br>• 기본서 2회독 이후 공부하는 것을 추천한다.<br>• 직전 5~10개년을 풀되, 시험 제도에 큰 변동이 있었다면 이후 문제만 풀어도 무방하다.<br>• 시험 빈출 파트를 확인하고 출제자의 의도를 파악하는 데 중점을 둔다. |
| 요약노트 | • 기본 회독 : 5회독 이상<br>• 기본서로 단권화를 했다면 보지 않아도 무방하다.<br>• 만약 요약노트로 단권화를 한다면 요약서에 누락되어 있는 부분을 기본서에서 참고하여 보충 후 기본서를 버리는 방식으로 공부한다. |
| 진도별<br>모의고사 | • 기본 회독 : 1회 (+오답 정리)<br>• 다수의 수험생들이 선택하는 교재 한 권을 선택해 보기를 추천한다.<br>• 문제를 풀며 취약한 부분을 중심으로 요약노트 혹은 기본서에 정리하여 반복한다. |
| 동형<br>모의고사 | • 기본 회독 : 1회 (+오답 정리)<br>• 이는 실전 감각 유지용으로 시험 1~2개월 전부터 풀어 실수하는 부분을 잡는 데 중점을 둔다. |
| OX문제집 | • 기본 회독 : 무제한<br>• 기출, 모의고사 문제집을 두 권 이상 보았다면 추천하지 않는다.<br>• 이동 시간 등 자투리 시간을 활용코자 할 때 단순 반복 용도로 활용하면 좋다. |

## 셋째, 한 주의 공부량을 도출하라

과목별로 어느 정도 공부해야 할지를 정했다면, 일주일 동안 어느 정도 해야 하는지도 자연스럽게 도출된다. 그 후 요일별로 해야 할 공부량을 배정해보자. 일단 월요일에서 금요일은 본인이 할 수 있는 최대 공부량에 맞추어 배정한다. 토요일은 저녁에 휴식을 갖기로 하고 최대 공부량의 80퍼센트 정도로 배정한다. 일요일은 최대로 할 수 있는 공부량의 30퍼센트를 배정한다. 일요일의 70퍼센트는 예비 시간이다. 즉 월요일에서 금요일 동안 컨디션이 안 좋아서 또는 갑작스러운 일이 생겨 예상보다 공부를 못한 부분을 보충하는 시간으로 쓰는 것이다. 운이 좋아 만약 그런 일이 없다면 일요일의 대부분은 휴식을 취할 수 있다. 그 휴식은 한 주간 열심히 한 보상의 의미라고 생각하자.

## 공부가 예상보다 빠른 경우

공부를 하다 보면 계획과 달라지는 경우가 생긴다. 계획과 달라지면, 처음 정한 계획에 무조건 현실을 끼워 맞추기보다 빠르게 수정하라. 이건 마치 이미 맞지 않는 옷에 내 몸을 넣으려는 행동과 같다. 몸이 달라졌으면, 옷을 바꿔도 된다. 어차피 시험공부는 일정 점수를 받는 것이 목표이므로, 이를 달성하는 데 지장이 없다면 계획을 바꾸어도 무방하다.

공부를 시작한 초반에는 시행착오가 생길 수 있으나, 시간이 지나면 아마 계획과 실제가 거의 비슷해질 것이다. 만약 예상보다 좀 더 빠르게 진행된다면 일정을 앞당겨서 진행해라. 다른 과목 중에서 예상치 못한 일정상의 지연이 생길 수 있으므로 예비시간을 많이 저축해두는 것이 좋다. 계속 계획보다 일정이 앞당겨지면, 다른 수험생들과의 차별화 전략을 만들어나가면 된다.

## 공부가 예상보다 지연되는 경우

반대로 예상보다 지연되는 것이 큰 문제다. 예상보다 지연된다면 하루의 공부 시간을 늘릴 것인지, 공부 범위를 줄일 것인지, 다른 과목에서 시간을 줄일 수 있을지 등을 판단해봐야 한다. 시간이 부족하다고 해서 무턱대고 하루 공부량을 늘리지는 말자. 체력적으로 무리가 가면 지금 당장 며칠은 더 공부할 수 있어도 뒤로 갈수록 힘들어지기 때문이다. 따라서 시도해볼 수 있는 방법은 다음 세 가지다.

첫째, 최대 공부 시간의 범위 내에서 공부량을 늘려보는 것이다. 만약 공부량을 늘리는 것이 어렵다면, 일요일에 마련해둔 '예비 시간'을 활용하자. 주말에 쉬지 못하는 것은 아쉽지만 진도가 밀릴수록 매일이 더 괴로워질 수 있다는 것을 기억하자.

둘째, 주말을 활용해도 공부 시간이 부족하다면 이는 자신의 능력치에 비해 계획이 너무 과도한 것이다. 이런 경우, 공부의 깊이를 낮춰 우선 진도를 나가는 것이 필요하다. 이해가 잘 안되더라도 다시 한번 공부할 때 좀 더 깊이 보겠다는 마음가짐으로 하는 것이 좋다.

셋째, 지체 없이 계획을 수정해라. 만약 계획과 실제 공부량 사이의 차이가 누적된다면, 자주 출제되거나 이미 한 번 본 부분들은 제외하고 아직 공부하지 못한 부분이나 헷갈리는 부분들만을 추려 이를 우선적으로 보는 방식으로 계획을 수정해야 한다. 시험은 한 과목, 한 파트를 꼼꼼하게 보는 것보다 '빈출되는 전체 내용을 완전하게 정리'하는 것이 더 중요하다는 것을 잊지 말자.

'계획을 바꾸면 잘못 행동하고 있다'는 것이라는 생각은 버려라. 원래 계획은 바뀌는 것을 전제한 개념이다. 그리고 점점 공부를 해가면서 계획과 실제는 서로 맞추어진다.

# 내 몸과
# 시험 주기를 맞춰라

**우리의 목표는 시험을 잘 보는 것이다.
시험 시간에 최상의 컨디션을 유지할 수 있도록 노력하자.**

공부를 몇 달간 열심히 하다 보면, 이런 생각이 든다. '왜 이렇게 정신이 몽롱하지?' '분명 본 건데 기억이 왜 잘 안 나지?' '분명 풀었던 문제인데, 왜 매번 잘못 봐서 틀리지?' 하는 경우가 생기는데 대부분 이런 경우는 집중력이 떨어진 상태에서 공부하기 때문에 나타나는 증상이다. 몇 달간 공부를 잘 하다가 집중력이 떨어지는 것은 체력 저하인 경우가 많다. 시험공부를 처음 몇 달 할 때는 느끼지 못하지만, 기간이 길어질수록 몸에 무리가 간다는 것을 느끼게 된다. 공부 계획을 잘 세운다는 건, 몸에 무리가 가지 않는 선에서 이 계획을 지킬 수 있고 체력 역시 유지할 수 있는가에 달렸다.

## 체력적 부담이 적은 방식을 고민하라

답은 간단하다. 규칙적인 생활이 체력적으로 가장 부담이 적다. 생활이 변하게 되면 스트레스가 생기는데 변화가 자주 발생하면 체력 관리에 부정적인 영향을 주게 된다. 그러면 이제 어느 정도까지 규칙적이어야 하는가의 문제가 남는다. 나는 규칙적이면 규칙적일수록 좋다고 생각한다. 나는 기상 시간, 먹는 시간, 자는 시간, 수분을 섭취하는 시점과 양, 공부 장소로 이동하는 시간까지 규칙적으로 관리하려고 노력했다. 심지어 도서관에 도착하는 시간도 분 단위까지 맞추었다. 깐깐하다고 생각할 수도 있지만 몇 개월 정도 의식적으로 하다 보면 나중에는 몸이 체득한다.

## 시험 볼 때 최상의 컨디션이 될 수 있도록 하라

우리의 목표는 시험을 잘 보는 것이다. 시험을 잘 보려면 시험 당일 시험을 보는 그 시간대에 컨디션이 좋아야 한다. 평소 하루의 생활을 관리할 때 시험을 보는 시간대만큼은 최상의 컨디션이 될 수 있도록 유지해보는 습관을 가져야 한다. 대부분의 시험은 아침 10시부터 12시에 치러진다. 평소 공부할 때에도 그 시간에는 집중하여 공부하도록 노력하자. 그 시간에 조는 버릇이 있다면 시험을 치르는 날에도 잠이 올 가능성이 크다. 매일의 생활 루틴이 시험장에서도 나타날 수 있다는 점을 명심하며 컨디션을 관리하자.


## 시간에 따른 몸의 컨디션에 주목하라

공부 시간을 늘리기보다 몸 컨디션 변화에 맞는 공부법을 선택하는 것이 더 효과적이다. 일반적으로 기상 후 몇 시간이 가장 집중력이 높은 시간대이다. 그리고 집중력을 극대화하기 위해서는 아침식사가 필수이다. 위장에 부담을 적게 줄 수 있도록 적은 양에 자극적이지 않은 음식을 추천한다. 머리가 맑은 아침에는 이해를 필요로 하는 공부를 배치하는 것이 좋다. 예를 들어 처음 공부하는 과목, 어려워하는 내용과 같이 신경을 많이 써야 하는 과목을 아침에 배치하자.

아침에 모닝커피를 마시는 경우가 많은데, 커피는 기상하고 나서 최소한 90분 후에 마시는 것이 좋다. 아침에 눈을 뜨면 우리 몸에는 코르티솔이라는 호르몬이 분비된다. 이 물질에는 혈류를 올리고 뇌를 자극하는 작용이 있어, 덕분에 우리 몸은 서서히 각성한다. 그러니까 잠이 깬 후 인체에는 카페인의 도움을 받지 않아도 될 만큼 기상 시스템이 갖춰져 있는 셈이다. 그런데 일어나자마자 커피를 마시면 카페인 효과가 코르티솔 효과와 중복된다. 양쪽 다 각성 작용을 가진 물질이라 필요 이상으로 뇌가 흥분되고 각성을 넘어 긴장과 초조에 가까운 상태로 되어버리니 기상한 후 조금 지나고 나서 커피를 마시는 것이 더욱 도움이 된다고 한다.

개인적으로 나는 일어나자마자 물을 마신다. 기상 후에는 탈수된 상태에 가깝기 때문에 재빨리 수분을 보충해주면 뇌 기능을 원활하게 올릴 수 있다. 그리고 물을 마시면 각성이 되어 잠에서 완전히 깰 수 있다.

# 졸음, 피할 수 없다면 이용하라

점심식사 이후에는 다소 컨디션이 떨어졌을 것이다. 식곤증이 오기도 한다. 이때는 아침에 이해한 내용을 바탕으로 다시 확인하고 정리하는 공부를 하는 것이 효율적이다. 그래서 꼼꼼하게 내용을 적고 정리하는 공부를 배치한다. 낮아진 집중력을 올리기 위해 30분에서 1시간 정도 낮잠을 자는 것도 효과적이다. 일반적으로 낮잠은 다음과 같은 효과가 있다고 한다.

- 10~20분의 낮잠: 인지 기능 향상에 도움이 되고, 집중력과 생산성이 올라간다.
- 30분의 낮잠: 얕은 잠 상태에 들어가기 때문에 피로회복 등에 효과가 있다.
- 40~60분의 낮잠: 아직 효과가 검증되지는 않았지만, 온몸이 재충전되어 떨어졌던 뇌 기능이 원상태로 회복되는 것으로 보고 있다.

따라서 낮잠은 일정 부분 필요하고, 만약 활용한다면 30분이 적당하다는 결론을 내릴 수 있다.

## 시간대에 맞는 공부법을 적용하라

아침, 점심 공부를 했다면 해가 질 무렵이 되면 좀 지겨워진
다. 그래서 저녁식사 이후에는 기분전환이 필요하다. 산책이나
맨손체조를 하거나 공부 장소를 바꿔보는 것도 좋다. 나는 도서
관에서 공부하다 저녁에는 카페를 이용하거나 집으로 가서 공
부하기도 한다. 저녁에는 어떤 것을 공부하는 것이 좋을까? 오후
공부에서 정리하는 시간이 부족했다면 먼저 그것부터 마무리하
자. 남은 시간에는 문제풀이와 오늘 공부한 내용을 암기하는 것
이 도움이 된다.

암기는 밤에 하면 오래간다고 한다. 복습을 하고 잠자리에 들
면 잠든 사이에 단기기억이 장기기억으로 바뀐다는 연구가 있
다. 공부한 내용을 잠들기 전에 보고 잔 후 다음 날 아침에 일어
나서 다시 복습하면 암기 효과가 상당히 높아진다고 한다. 이때
오래 볼 필요는 없다. 정리한 내용 중심으로 10~20분만 봐도 효
과가 좋으니 이를 실천하면 10분의 시간으로 경쟁자보다 우위
를 선점할 수 있다.

## 내일을 준비하는 밤이 만드는 기적

그리고 잠자기 전에 To-Do 리스트를 만들어둔다. 기억의 정착 효과를 높이기 위해서는 다음 날 해야 할 공부 목록을 자기 전에 만들어두는 것도 좋은 방법이다. '행정학 기본 강의 3~5강 듣기'처럼 다음 날 해야 할 목록을 미리 만들어두는 것이다. 이 '공부 목록 만들기'는 미국 베일러 대학에서 그 효과를 입증한 공부법으로, 잠자기 전에 다음 날 해야 할 공부 목록을 적어둔 학생은 여느 때보다 학습 내용을 쉽게 떠올리고, 또 잠이 들기까지의 시간도 평균 9분 정도 빨랐다. 평균 9분이라는 시간이 수면제를 사용했을 때의 개선 수준과 큰 차이가 없는 시간이라고 하니, 그 효과는 상당하다고 볼 수 있다.


## 몸에서 보내는 경고 신호를 파악하라

공부를 하다 보면 '내 몸이 경고 신호를 보낸다'는 것을 느끼게 된다. 어떤 방식으로든 말이다. 하지만 대부분 하루에 정한 공부를 해야 한다는 압박감에 몸에서 주는 경고 신호를 애써 모른척 한다. 그렇게 신호가 쌓이다 보면 경고는 더 큰 병이 되어

돌아와 오히려 공부 계획을 더 크게 망치게 된다. 경고 신호를 무시하면 안 되는 이유이다.

몸이 경고 신호를 보낼 땐 그날만큼은 공부를 중단하고 쉬어 보자. 자주 먹지 못했던 좋아하는 음식을 먹고, 한두 시간 쉬다 일찍 잠들어보자. 내가 어떤 상황에서 체력이 빠르게 회복되는 지 파악하는 것 역시 중요하다.

## 4장

# 시험형 인간의 초압축 공부법

"적게 공부하고 빠르게 합격하고 싶다면
압축하라"

# 완벽한 교재를
# 선정하는 법

이 책으로 끝까지 공부할 수 있을지 확신이 없다면
지체 없이 책을 바꿔라.

"시작이 반이다."

무슨 일이든 시작하기가 어렵지 일단 시작하기만 하면 끝마치기는 그리 어렵지 않다는 의미의 속담이다. 과연 그럴까? 어떻게 시작하느냐에 따라 완주할 가능성도 달라진다. 고등학교 시절『수학의 정석』은 앞부분만 까맣게 될 정도로 시작은 열정적이었으나, 끝을 맺지 못하는 경우가 대부분이었으리라. 하지만 열심히 공부한 흔적을 찾을 때 가장 먼저『수학의 정석』의 앞부분을 펼쳐보는 것처럼 좋은 시작은 언제나 중요하다. 시험의 시작이 '계획을 세우는 것'이라면, 공부의 시작은 '어떤 책을 선택할 것인가'에 달렸다. 어떤 수준의 책으로 공부를 시작할 것이냐는 공부 효율을 결정하는 중요한 요소다.

## 교재 선정, 최악의 시나리오

토익공부를 시작한다고 가정해보자. 교재를 선택하기 위해 서점에 간다. 스타트 교재의 앞부분을 보니 거의 다 아는 내용인 것 같다. 아는 내용을 보는 데 시간과 돈을 쓰는 것은 낭비인 것 같다고 느껴서 좀 더 난도가 높은 책을 살펴본다. 그렇게 난도를 높이다가 교재 앞부분부터 내가 잘 모르는 내용이 많은 책으로 결정한다. 처음에는 배운다는 기분으로 공부한다. 그런데 모르는 내용이 계속 이어지면 점점 피로가 쌓인다. 우리의 의지는 예상만큼 오래가지 않는다. 처음에는 의지를 가지고 모르는 내용을 배워보겠다고 결심하지만, 모르는 내용만 보게 되면 공부하고자 하는 의지가 꺾이고 만다.

이제 와서 난도가 낮은 교재로 바꾸려니 지금까지 지출한 시간과 비용이 아깝다. 지금 책으로 좀 더 공부해보자고 결심한다.

그러다가 공부가 하기 싫어지고 결국 포기하게 된다. 남 이야기 같이 들리겠지만 아주 자주 일어나는 일이다.

## 교재 선정의 완벽한 시나리오

어떤 시험이든 대부분의 사람들이 보는 책은 3~4개의 종류로 한정된다. 그리고 그 책들이 다루는 내용상의 범위에는 큰 차이가 없다. 내용 구성이나 문제 구성, 해설의 깊이에서 다소 차이가 나겠지만, 시험을 준비하는 데 필요한 내용들은 어떤 방식으로든 거의 들어가 있다고 보면 된다. 자신의 실력과 공부법에 따라 선호하는 교재가 다를 수는 있으나, 후회하지 않고 선택할 수 있는 네 가지의 기준을 소개한다.

### 첫째, 가장 많이 보는 책에 주목하라

같은 시험을 준비하는 사람들이 보는 책에 주목하자. 수험생들이 자주 접속하는 인터넷 카페에 접속해 가장 많이 보고 유명한 두세 권을 후보로 선정하자. 일단 많은 수험생이 본다는 것은 그 책에 큰 단점이 없다는 뜻이므로 안전한 선택을 할 수 있다.

### 둘째, 교재의 후기를 살펴라

고민되는 교재가 있다면 저자의 이름을 인터넷 카페에 검색해서 어떤 글이 올라왔는지 살펴보자. 이때, 한 사람의 후기를 보고 속단하는 것은 위험하다. 한 사람이 장단점을 분석한 것보다 여러 사람이 게시판에 적은 내용을 살펴볼 때 보다 객관적인 평가가 가능하므로 전반적인 글이 어떤지 확인한다.

### 셋째, 실물을 보고 결정하라

교재들의 사전 정보를 검색해 범위를 좁혔다면 서점으로 향하라. 각 교재의 구성과 설명을 살펴보고 내 공부법과 맞거나, 내 수준에 적절한 교재가 무엇인지 비교해보자. 구성의 경우 각 사람마다 공부법이 달라 어느 것이 더 좋다고 할 수 없다. 하지만 나의 경우 조금 복잡하더라도 설명 중간에 예제가 많고 페이지 아래에 어려운 용어를 해설해둔 책을 선호한다. 특히 독학으로 공부하는 경우라면 더욱 설명이 풍부한 책을 선택해야 한다.

### 넷째, 강사의 목소리를 확인하라

책과 강의를 듣는 경우라면, 강사의 목소리를 사전에 확인한다. 의외로 강사의 목소리와 말하는 속도가 자신과 맞지 않는 경우가 많으니, 강의까지 확인하고 선택하자.

**마지막, 선택에 많은 시간을 쓰지 마라**

교재를 선택하는 데 너무 많은 시간을 쓰며 고민하는 습관을 버려라. 장고 끝에 악수를 두듯, 고민이 많을수록 오히려 좋은 선택을 하기 어렵다는 사실을 잊지 말자.

## 선택한 책에 대한 확신이 서지 않는다면

고민 끝에 책을 구매했더니 '그 책은 요즘 경향과는 맞지 않더라' '요즘은 이 책을 더 많이 본다더라'와 같은 말을 들을 수도 있다. 그러면 내가 한 결정에 대한 확신은 더욱 흔들린다. 결론적으로 말하면 위에서 언급한 것처럼 책을 선택하였다면 더 이상 갈등하지 않고 생각한 대로 공부하면 된다. 주변에서 다른 기본서가 더 좋다고 추천하는 말에 그래도 흔들린다면 공부를 시작한 초반에는 바꾸어도 무방하다. 그러나 책을 30퍼센트 이상 보았다면 굳이 바꿀 필요는 없다. 앞으로 볼 책이 더 많기 때문이다.

또 공부하다 보니 선택한 책이 마음에 들지 않는 경우가 있다. 이 책으로 끝까지 공부할 수 있을지 확신이 생기지 않으면 서점에 가서 다른 책을 살펴보는 것이 좋다. 만약 다른 책이 더 보기 편하다면 지금까지 공부한 것과 관계없이 최대한 빨리 책을 바꿔라. 이해가 되지 않는 책을 오래 잡고 있으면 공부가 더 하기 싫어질 뿐이다. 지금까지 낭비한 시간과 비용은 발전을 위한 대가라고 생각하자.

# 기본서 한 권으로
# 끝내는 법

기본서를 보는 목적은
과목의 내용을 이해하고 체계를 잡는 것이다.

우리는 여행을 갈 때 이동수단을 선택한다. 버스, 택시, 기차, 비행기, 배 등 이동수단은 다양하고, 각 이동수단은 저마다의 기능이 있다. 시험공부도 마찬가지다. 시험공부를 할 때 기본서, 기출문제집, 요약노트 등 다양한 책을 보는데, 이 책들은 각자의 역할이 있다.

기본서를 보는 이유는 그 과목의 내용을 이해하고 체계를 잡기 위함이다. 일부 수험생들은 기출문제나 진도별 문제집으로 공부를 시작하기도 하지만, 시간이 부족하지 않다면 가급적 기본서부터 시작하는 것이 좋다. 시험 과목에 대한 아무런 지식도 없는 상태에서 문제를 본다면 문제를 통해 무엇을 묻고자 하는지조차도 파악하기 어렵다. 다른 책을 보기 전, 일단 기본서를 1~2회 이상 정독하는 것을 추천한다.

## 목차로 과목의 체계를 잡아라

기본서를 공부할 때 틈틈이 목차를 자주 봐라. 목차를 자주 보면 해당 과목의 전체적인 체계를 잡는 데 유리하다. 한 과목이 어떻게 구성되어 있고, 내가 현재 어디를 공부하고 있는지 확인할 수 있는 좋은 방법이다. 공부를 했던 부분의 목차는 과거 공부했던 내용을 상기하며 살펴보고, 혹시 생각이 나지 않는다면 해당 부분으로 책을 넘겨 공부했던 내용을 간략히 확인해봐라. 아직 진도를 나가지 않은 부분은 무슨 내용인지 정확히는 모르지만, 대략적으로 내용의 주제를 평가하는 마음가짐으로 보면 된다.

사람의 뇌는 처음 본 내용을 바로 이해하거나 기억하지 못한다고 한다. 관련 목차나 용어를 여러 번 상기시켜주면 어색했던 개념어들이 익숙해지며 자연스럽게 받아들여진다. 목차를 보는 시간을 따로 마련할 필요 없이 수시로 반복하는 것이 좋다. 휴식 시간을 갖기 전, 잠시 책의 앞을 펴서 목차를 훑는 등 개념어와 주제를 익숙하게 하는 데 필수다.

## 필기는 짧게 하라

내 경험상 처음 공부할 때 하는 필기는 수개월이 지난 후에는 그다지 도움되지 않는 경우가 많았다. 따라서 처음 공부할 때는 가급적 너무 많은 필기를 하지 않는 것이 좋다. 더러워져야 공부한 것처럼 느껴지는 사람도 있을 수 있다. 허나 그렇게 되면 자신이 필기한 것도 알아보기 어려워지고, 무엇이 중요한지 아닌지도 헷갈리게 된다.

기본서를 볼 때 눈으로 책에 적힌 본문을 따라가며 내용을 이해하게 된다. 주변에 필기를 많이 해두면 책에 적힌 '본문의 길'을 벗어나 필기해둔 쪽으로 눈을 돌려야 한다. 그 내용이 쓸데없는 것이라면 신경만 분산되는 결과를 초래한다. 이런 이유로 필기는 신중해야 한다. 필기를 해야 할 내용이라면 책 여백에 큰 글씨로 잘 알아볼 수 있도록 쓰고, 그 내용은 비교적 풀어서 적어두는 것이 좋다. 다시 읽어볼 때 쉽게 이해하기 위함이다.

객관식 시험을 준비할 때는 기본서에 필기할 내용이 많지 않을 것이다. 대부분 책에 자세히 잘 정리되어 있어 오히려 그 내용 중에 무엇을 중점적으로 보아야 할지를 체크해두는 필기가 많다.

나는 기본서의 각 단원 위에 연필로 간단히 공부하는 방법을 적었다. 예를 들어 '더 자세히 볼 것' '목차 위주로 확인' '주제 중요' '시험에 안 나옴' 등과 같이 단락이 시작되는 제목 위에 연필로 이 파트를 공부하는 포인트를 적는 것이다. 그렇게 적어둔 포인트 위주로 읽으며 회독 수를 늘리면, 다음에 읽을 때 기본서 읽는 속도가 빨라지게 된다.


## 절대적 암기량을 줄이는 필기의 2가지 패턴

암기량을 줄이기 위해서는 필기의 패턴을 구분해야 한다. 이때의 기준은 바로 '오래 적어둘 내용'과 '그렇지 않은 것'이다.

먼저, 오래 적어둘 내용은 이해를 돕기 위한 것들로 볼펜으로 필기한다. 기본서 내용 중 이해가 되지 않아 추가로 강의를 듣거나 스스로 찾아 깨우친 경우에는 반드시 볼펜으로 기재한다. 이때는 다음에 보아도 이해할 수 있도록 자세하게 기록하는 것이 좋다. 대충 기록할 경우, 추후 보았을 때 다시 이해하는 데 어려울 수 있기 때문이다. 마치 나에게 설명하듯 자세하게 필기하는 것이 좋다.

지울 필기는 공부하면서 어렵다고 생각하여 표시해둔 부분, 시험에서 비중이 떨어지는 부분이라고 강사가 집어준 것, 강의 중에 예를 들어준 내용 등이다. 이런 부분들은 중요도가 떨어질 수 있으므로 내용이 어느 정도 머릿속에 들어왔다면 지우자. 따라서 연필로 필기하자. 만약 강사가 수업 중 이해를 돕기 위해 예를 들어준 부분이 있다면 포스트잇으로 정리해 붙여두자. 다음 회독 때 살펴봤을 때 어느 정도 익숙해졌다면 쿨하게 떼어내자. 떼어내는 포스트잇이 쌓일수록 쾌감을 맛보게 될 것이다.

# 한 권으로 개념을 지배하는
# 회독의 기술

**내용을 여러 번 볼수록 쉬워진다.**
**제대로 회독하는 법을 익혀라.**

공무원 시험이나 고시 공부를 해보면 '몇 회독했다' '회독 수가 중요하다'와 같은 말을 듣는다. 회독은 쉽게 말하면 '책을 몇 번 봤는가'다. 각 과목을 책 한 권으로 잘 정리해 이를 여러 번 보면 개념을 효율적으로 정리할 수 있고 암기도 잘된다. 그래서 노량진과 신림동에서는 한 권의 책으로 모아 정리하는 것을 단권화라 부르고, 몇 번 보았는지를 회독 수라 한다.

'10회독을 했는데, 여전히 점수가 오르지 않습니다.' 수험 상담을 해보면 이런 질문을 종종 받는다. 결론부터 말하면, 제대로 회독을 하지 않은 것이다. 그냥 횟수만 늘리는 방식으로 읽는다면 아무 의미가 없다. 각 회독에 맞춰 읽는 방법을 알아야 한다.

## 1~2회독 : 내용과 친해져라

처음 보는 책은 그 내용과 문체가 생소한 상태다. 그래서 문장을 읽어나가는 것 자체에 많은 집중력이 필요한 시기다. 이때는 가장 머리가 맑은 아침에 보는 것이 좋다. 처음 책을 볼 때부터 세밀한 내용까지 모두 이해하기는 어렵다. 한 문장에 집중하는 것보다 전체 내용 위주로 확인하자. 1~2회독에서 모든 문장을 이해하려는 욕심을 내려놓고 내용 중 중요한 것만을 이해한다는 마음가짐으로 본다면 내용을 파악하는 데 큰 도움이 될 것이다. 목표는 전체 내용의 50~70퍼센트를 이해하는 것이다.

강의를 들으며 기본서를 보는 경우라면 예습을 하는 것보다 강의를 들은 후 복습을 하는 것을 추천한다. 시간이 지나면 강의를 통해 이해한 것이 생각나지 않아 강의를 들은 것이 무의미해질 수 있기에 강의 후엔 반드시 복습이 필요하다.

※ 주의할 점: 100퍼센트 이해하고 암기하겠다는 마음은 버려라. 회독을 거듭하면서 어려웠던 부분이 이해가 되고 자연스럽게 숙달(암기)되게 된다. 첫술에 배부를 수 없다는 점을 명심하자.

## 3~5회독 : 핵심어로 요약하라

1~2회독에서 전반적인 이해가 되었다면 3~5회독에서는 좀 더 세밀하게 보아야 한다. 문장을 좀 더 주의 깊게 보면서 어떤 내용이 중요한지, 각 내용에서 키워드(핵심어)가 무엇인지를 체크하며 읽어야 한다. 이렇게 체크를 해두어야 이후 회독에서 속도를 낼 수 있다.

내용의 중요도는 시험에서 자주 출제된 내용, 강의 중 강조한 부분을 위주로 선별하자. 그리고 단원별로 어떻게 보아야 하는지를 기록하는 것도 추천한다. 예를 들어 암기를 많이 해야 하는 부분이면 '암기해야 할 부분, 자주 반복할 것!'이라고 적어두는 것이다.

※ 주의할 점: 여전히 모든 문장이 이해되지 않을 수 있다. 모든 내용을 100퍼센트 이해할 필요는 없지만 중요한 부분이라면 시간을 투자해 선생

님 또는 카페 등을 통해 해결하고 넘어가는 것이 좋다.


## 6~8회독 : 핵심어를 중심으로 암기하라

6회독이 넘어가는 시점에는 아마 시험이 임박했을 것이다. 이때부터는 이해보다 암기에 초점을 두고 속도를 내야 한다. 일주일에 한 번 다 볼 수 있을 정도의 속도가 좋다. 중요도와 암기할 사항 등 읽는 방법을 잘 표시해둔 것이 지금 효과를 발휘할 것이다. 표시한 포인트 위주로 빠르게 자주 반복해야 한다. 이때는 핵심 단어 또는 암기할 내용을 종이에 적거나, 형광펜으로 책에 표시하면서 반복하면 효과적이다. 시험 보기 직전에 적거나 표시한 내용만 확인해도 책 한 권을 보는 효과를 얻을 수 있다.


## 9회독 이상 : 핵심 키워드의 중요도를 선별하라

9회독 이상이 되면 이미 대부분의 내용이 익숙해져 있어아 한다. 반약 그렇지 않다면, 정확한 포인트를 두고 회독하지 않았거나, 3~5회독을 할 때 정확하게 이해하지 않고 읽었기 때문일 가능성이 크다. 9회독을 할 때 익숙하지 않다면, 다시 3~5회독 할 때의 방법으로 돌아가서 키워드를 체크하고, 중요도를 선별하는 연습을 하자. 9회독 이상을 하면 하루 또는 이틀 내에 전체를 다 볼 수 있는 속도를 유지할 수 있어야 한다. 이때부터는 시간을 따로 잡아서 보기보다 짬짬이 시간을 내어 확인하고 집중해서 공부할 때 문제를 풀거나 공부가 부족한 다른 과목을 보는 것이 좋다.

시험마다 다르겠지만 경험상 약 6~8회독을 해야 '시험을 볼 수 있는 수준'에 이르게 된다. 어느 정도 과목에 대한 이해가 있는 경우, 소위 '베이스'가 있는 경우에는 5회독 정도면 충분하다. 이때는 1~2회독을 하는 방법은 생략하고 3~5회독을 보는 방법부터 시작하면 된다.

## 반복 간격은 어느 정도가 적당한가

세계 기억력 선수권 대회 그랜드 마스터 이케다 요시히로가 쓴 『뇌에 맡기는 공부법』에서는 3회 복습을 빨리하는 것이 공부의 완성도를 높일 수 있다고 한다. 그리고 뇌 효율 훈련 전문가 마크 티글러 쓴 『기적의 뇌 사용법』에서는 학습 효과를 높이려면 학습 후 1주에서 6주 사이 반드시 다시 보아야 한다고 한다. 표트르 워즈니악이 만든 '인터벌 복습 방법'에서는 첫 복습은 공부하고 나서 1~2일 후, 2차 복습은 7일 후에 하는 것이 좋다고 한다.

결국 전문가들의 의견을 종합해보면, 빨리 세 번을 보는 것이 중요하고, 1주에서 6주 사이 여러 번 반복하는 것이 중요하다. 내 경험도 비슷하다. 강의를 듣거나 공부를 한 후, 공부한 날 바로 복습을 하고, 학습한 주의 주말에 다시 한번 복습을 하면 기억에 오래 남는다. 그 후 시험 당일까지 회독을 여러 번 하면서 한 번 보는 시간을 줄여나가는 연습을 해야 한다.

# 디테일을 잡는
# 기출문제 공부법

**기출문제는 합격의 가이드일 뿐,
합격 여부를 판단해주는 지표가 될 수 없음을 명심하자.**

기출문제는 내가 좀 더 일찍 그 시험을 보았다면 시험장에서 만났을 문제이다. 즉, 수험생의 입장에서 기출문제는 '지나간 목표물'인 것이다. 물론 시험은 해마다 출제되는 내용이 다르고 난이도도 달라진다. 그렇다 하더라도 기출문제를 보면 실제 시험장에서 나오는 문제의 스타일을 파악해볼 수 있다.

## 출제자의 의도를 파악하라

이미 지나간 문제를 왜 풀어야 할까? 처음 공부를 시작할 때 기출문제를 푸는 이유와 중요성에 대해 잘 모르는 경우가 있다. 내가 해군 학사장교 시험문제를 출제하러 간 적이 있었다. 시험문제를 출제하는 곳에는 여러 전공 교과서, 문제집 등 참고서적이 있었다. 그리고 출제위원에게는 인터넷이 불가능한 컴퓨터를 하나씩 제공한다. 그 컴퓨터 안에는 기출문제 파일들이 저장되어 있다. 출제자 입장에서는 '응시자들이 어느 정도 그 과목에 대한 지식이 있는지' 확실하게 알지 못하는 경우가 많다. '기출문제 정도 수준으로 내면 문제되지 않겠지' 하는 생각으로 기출문제와 비슷한 수준으로 출제하게 된다. 여기서 비슷하게 출제한다는 말은 출제 범위, 문제의 길이, 난이도 등을 의미한다고 생각하면 된다. 즉, 출제자에게도 기출문제는 출제 가이드가 된다.

그러다 보니 기출문제가 자주 출제된 부분에서는 또 나올 가능성이 높다. 실제 연도별 기출문제들을 분석해보면 해마다 조금씩 다르지만, 전반적으로 많이 나왔던 영역에서 출제가 되는 경우가 많다. 결국 출제방식, 출제 영역별 비중, 난이도 등을 확인하는 데에 가장 좋은 자료가 기출문제다.

# 기출문제는 얼마큼 봐야 하는가

기출문제를 본다고 하여 시험이 처음 시작된 아주 과거의 문제부터 볼 필요는 없다. 나는 국제재무위험관리사를 공부할 때 출제된 모든 기출문제를 본 적이 있었는데 1990년대 기출문제들은 큰 도움이 되지 않았다. 이미 경향이 달라져버린 것이다. 일반적으로 10년이 넘어간 기출문제들은 문제의 난이도, 지문의 길이 등에서 현재와 출제 방식이 다른 경우가 많았다. 일반적으로 약 5~7개년 정도의 기출문제를 풀어보는 것이 바람직하다. 조금 더 여유가 있다면 10년까지 보는 것도 추천한다.

내가 준비하는 시험 외 다른 시험의 기출문제까지 볼 필요가 있을까? 예를 들어 9급 공무원(일반행정) 시험 과목에 행정학이 있고, 7급 공무원 시험, 국회 8급, 경찰간부, 행정사 등의 시험 과목에도 행정학이 있다. '내가 9급 공무원 시험을 준비한다면 9급 시험에 나온 행정학만 공부하면 될까?' 하는 의문이 생긴다. 일단 자신이 응시하고자 하는 시험문제를 중점적으로 학습하는 것이 우선이다. 9급 공무원 시험을 준비한다면 9급 시험 문제부터 우선적으로 공부한다. 그리고 어느 정도 공부한 후에 유사한 다른 시행처의 문제도 참고로 풀어보면 된다. 이런 고민은 기출문제집으로 대부분 해소가 된다. 만약 다른 시험의 기출문제 중

의미 있는 것이 있다면 기출문제집에 일부가 실려 있을 것이다.

만약 단원별로 편집되어 있는 기출문제집과 연도별로 수록되어 있는 기출문제집 중 고민된다면 자신이 공부하는 계획에 따라 선택하면 된다. 일반적으로 처음 공부할 때는 공부 진도에 맞추어 문제를 풀어야 하므로 단원별로 정리된 책이 좋고, 최신 경향을 확인하고자 한다면 연도별로 정리된 책을 선택해라.

## 기출문제 3단계 활용법

기본서에서는 그 과목의 내용을 이해하고 전체 체계를 잡는 것에 중점을 두었다면. 기출문제 풀이는 다음 3단계를 따라 공부해라.

### 첫째, 공부한 내용을 문제에 적용하는 연습을 하라

먼저 기본서를 통해 학습한 내용을 '문제에 적용하는 연습'에 초점을 맞춰라. 공부할 때는 내용을 다 아는 것 같았는데 막상 문제를 풀었을 때 점수가 나오지 않는다면, 개념을 문제에 적용하지 못하고 있다는 뜻이다. 따라서 기출문제를 풀 때는 가장 먼저 '내가 공부한 내용이 어떻게 문제로 구현되는가를 확인'하며 문제를 풀어야 한다. 즉, 문제에서 개념을 어떻게 물어보는지를 파악하는 데 초점을 두어야 한다.

### 둘째, 기출문제가 출제되는 구간을 파악하라

기출문제는 앞서 말한 바와 같이 시험장에서 내가 마주했을 수 있는 문제들이다. 따라서 출제자의 의도를 가장 잘 반영한 예시인 것이다. 따라서 기출문제가 어디서 출제되었는가를 파악하고, 무엇을 묻는지를 자세히 살펴볼 필요가 있다. 이를 위해서는 최소 기본서를 2회독 한 이후 기출문제를 풀어볼 것을 추천한다. 최소한의 개념을 알아야 기출문제가 어디서 출제되었고, 무엇을 묻는지 이해할 수 있기 때문이다. 이를 통해 앞으로 어떤 부분에 중점을 두고 공부해야 할지를 파악해야 한다.

### 셋째, 유독 어려웠던 지문은 따로 정리하라

마지막으로 풀면서 유독 어려웠던 지문은 따로 정리하자. 기출문제집을 풀면서 틀렸거나, 이해하기 어려웠던 지문은 반드시 색깔이 있는 펜으로 표시해라. 이후 암기노트나 개념서에 추가로 정리를 해두어도 좋다(이때 추가로 정리한 부분은 펜의 색을 달리하여 눈에 띄게 하도록 한다). 이렇게 정리한 내용 혹은 빨간색으로 표시된 보기들은 다시 꼭 확인해야 한다. 만약 시간이 여유롭다면 전체 범위를 다시 훑으며 공부하는 것이 가능하지만, 시간이 없는 경우에는 빠르게 빨간색으로 표시하거나 추가로 정리해둔 부분을 위주로 봐도 좋다. 빨간색으로 표시를 해둔 부분 중에서도 암기가 잘 안 되거나 실수가 반복되는 경우라면 형광펜으로 다시 표시를 해두고 시험 일주일 전 형광펜 위주로 내용을 상기시키자.

## 기출문제는 가이드일 뿐이다

인터넷 카페에는 '기출문제로 풀어서 채점해보니 어느 정도 점수가 나오는데 이 정도면 합격권인지'를 묻는 게시글이 종종 올라온다. 결론부터 말하면, 기출문제를 많이 맞혔다고 합격에 가까운 것은 아니다. 기출문제는 어디에 중점을 두고 공부해야 할지 알려주는 가이드일 뿐이고, 합격 여부를 판단해주는 지표로 보기는 어렵다. 기본서는 작년 기출문제를 반영해 내용을 구성하고 있고, 강사들 대부분은 최신 기출된 내용을 강조하여 수업을 진행한다. 공부하면서 수험생은 이미 기출문제에 니온 내용을 숙지한 후 문제를 풀게 되기 때문에 일반적으로 실제보다 점수가 잘 나올 수밖에 없다. 따라서 기출문제는 풀면서 몇 점을

받는지보다 어떤 부분이 중점적으로 나오는지, 어떠한 방식으로
출제되는지를 확인하는 것이 중요하다.

# 하루 한 과목에
# 투자하라

**공부법에 정답은 없다.**
**공부법과 타이밍의 판단은 스스로 내려야 한다.**

"하루에 몇 과목을 공부해야 하나요?"

내가 수도 없이 많이 받은 질문 중 하나다. 결론부터 말하면 정답은 없다. 하지만 효율을 최대로 높이고 싶다면 하루 한 과목에 집중할 것을 추천한다. 물론 하루에 한 과목만 공부할 수도 있고, 여러 과목을 공부할 수도 있다. 각 방식에 장단점이 다를 뿐이다. 이번에는 그간의 경험을 살려 이 장단점을 비교하고, 과목 배치의 팁을 제공하고자 한다.

# 이해와 기억은 한 번에 이뤄진다

하버드 대학교 의과대학 신경과학자인 제레드 쿠니 호바스는 "우리는 우리가 기억하는 것들을 생각하지 않는다. 우리는 우리가 생각하는 것들을 기억한다"라고 말했다. 보통 암기와 이해는 다른 영역이라고 생각하지만, 확실히 이해했다면 굳이 암기의 과정이 필요치 않다. 예를 들어, 중력의 개념을 알면 물이 위에서 아래로 흐른다는 사실을 줄을 쳐가며 암기할 필요는 없다.

따라서 처음 공부하는 과목의 경우 '제대로 개념을 이해하는 과정'이 필요하다. 어떤 과목의 전반적인 개념과 매커니즘을 이해하려면 오랜 시간 동안 한 과목을 보는 것이 좋다. 만약 A라는 개념을 처음 학습한 후, 다른 과목을 학습하고 다시 A와 연관된 개념 B를 공부하려고 하면 A를 공부한 후 바로 B를 공부하는 것에 비해 효율성이 떨어질 수밖에 없다.

또한 하루에 여러 과목을 공부하면 각 과목별 학습량이 적어 전체 내용의 흐름을 파악하기 어렵다. 전반적인 체계를 잡고 개념을 이해하는 단계에서는 오랫동안 한 과목을 학습하는 것이 유리한 전략이다. 전반적인 내용에 대한 이해가 있어야 기억도 오래 남기 때문에 암기에도 더 좋다고 볼 수 있다.

따라서 하루에 한 과목을 공부하는 것이 좋다. 가능하다면 한 과목이 끝날 때까지 매일 그 과목을 공부하는 것도 괜찮은 방법이다. 신림동 고시촌에서 고시 공부를 시작하던 때 나는 한 과목에 20일 정도의 시간을 잡아 공부하고 그 후에 다음 과목으로 넘어갔다. 이는 각 과목에 대한 기반을 닦기 가장 좋은 전략이라고 생각한다.

## 하루에 여러 과목을 봐야 하는 시점

그렇다고 해서 하루 한 과목을 공부하는 것이 늘 정답은 아니다. 한 과목만 하다 보면 지겹게 느껴질 수 있고, 또 후반으로 갈수록 능률이 떨어지기 십상이다. 따라서 하루 여러 과목을 봐야 하는 시점을 파악해야 한다.

### 첫째, 싫어하는 과목을 공부하는 경우

내가 싫어하는 과목을 공부하는 경우 갈수록 능률이 떨어지고 머릿속에 내용이 잘 안 들어오기 시작하는 시점이 있다. 이때 좋아하는 과목과 같이 공부 계획을 세워보자. 과목 자체가 지겹다면, 다른 과목을 잠깐 공부하며 뇌를 환기시켜주는 것도 하나의 대안이 될 수 있다.

## 둘째, 학습 중반으로 넘어선 경우

학습 초반에는 이해가 필요한 경우가 많아 한 과목을 보는 것이 좋지만, 어느 정도 학습이 되었다면 이후에는 하루 여러 과목을 보는 것이 유리하다. 특히 단순 암기를 해야 하는 경우에는 오랫동안 한 과목만을 암기하면 지겹고 능률도 떨어진다. 따라서 학습 중후반에 이르렀을 즈음엔 하루 3~5과목을 번갈아가며 암기하는 것이 효율적이다. 정리하면, 시험 준비 초반에는 하루에 한 과목 공부를 추천하고, 어느 정도 익숙해지고 단순 암기가 많아지면 여러 과목 공부를 추천한다.

# 진도별
# 모의고사 활용법

모의고사의 핵심은 나의 약점을 찾는 데 있다.
맞힌 문제가 아니라 틀린 문제에 주목하라.

기본서와 기출문제집을 공부한 후, 진도별(단원별)로 된 모의고사 문제집을 본다. 시험공부는 각 단계별로 집중해서 봐야 하는 포인트가 있다. 진도별 모의고사를 공부하는 이유는 '내가 약한 부분이 어디인지 확인하기 위해서'다. 학습의 초점도 여기에 맞추어야 한다.

## 어떤 단계에서 진도별 모의고사를 활용해야 하는가

다른 수험생들이 진도별 모의고사를 본다고 따라서 보는 것은 금물이다. 공부도 제대로 되지 않은 상태에서 괜히 모의고사를 풀었다가 점수가 좋지 않으면 상처만 받고, 의욕도 떨어진다. 그래서 나는 공부가 어느 정도 수준에 오르지 않는다면, 모의고사를 풀지 않는다. 절대 무턱대고 풀지 마라!

기본서 2회독, 기출문제집 3회독을 한 이후 진도별 모의고사를 볼 것을 추천한다. 만약 시간이 부족해서 진도별 모의고사를 풀 시간이 없다면, 기본서와 기출문제집을 정리하는 데 집중하는 것이 좋다. 아직 완전히 암기가 되지 않은 상태이기 때문에 문제가 출제된 단원을 예습하고 문제를 푸는 것이 좋다. 실제 시험 시간에 맞춰 문제를 풀어보는 것이 가장 좋지만, 아직 어렵다면 반드시 시간을 잴 필요는 없다. 가급적이면 기본서를 찾아보면서 문제를 풀지 않는 것이 좋다. 지금 생각나는 대로, 모르는 것은 모르는 대로 찍어서 풀어보자. 지금은 많이 틀려도 된다. 문제를 맞히는 것보다 채점을 하며 공부를 하는 과정이 더 중요하기 때문이다.

문제를 풀어보면 느낄 것이다. 어느 정도 공부를 했다고 해도 문제가 잘 풀리지 않는 것이 정상이다. 지금은 내가 부족한 부분과 확실히 알아야 할 내용을 머리에 '새기는 단계'라고 생각하자.

## 어떤 식으로 활용하면 좋은가

일단 문제를 풀어보자. 문제에서 맞는 것을 찾는 것인지, 틀린 것을 찾는 것인지를 먼저 확인한다. '무엇을 설명한 것으로 틀린 것은?'이라고 나오면 '틀린'이라는 부분에 연필로 동그라미를 친다. 사지선다형이라면 각 보기가 정답인지 아닌지 여부를 보기 끝에 O, X로 표시하는 연습을 한다. 4개 지문 중에서 확실히 답이 아닌 것을 줄이는 방식으로 답을 찾는다. 이를 '소거법'이라 한다. 문제를 푸는 과정에서 답을 명확하게 찾을 수 없다면, 그 문제 번호에 별표로 표시해두자.

문제를 다 풀었으면, 답안지를 보며 채점을 하자. 나는 맞힌 문제에는 별다른 표시를 하지 않고, 틀린 문제는 빨간 볼펜으로 긋는다. 진도별 모의고사의 포인트는 '내가 어디가 부족한지를 찾는 것'이다. 몇 문제를 맞혔는지보다는 어디가 틀렸는지를 확인해야 한다. 맞힌 문제 중에서 확실히 답을 체크하기 어려웠던 문제와 틀린 문제를 중심으로 확인하자. 정확히 알고 푼 문제라면 다시 보지 않아도 된다.

먼저, 틀린 문제를 확인하자. 아마 문제를 푸는 과정에서 보기별로 O, X를 표시하였을 것이다. 제대로 추려낸 보기라면 더 볼 필요가 없다. O, X를 잘못 표기한 보기를 중심으로 무엇이 잘못되었는지 확인하자. 잘못 푼 보기에는 빨간색 볼펜으로 표시를 해둔다. 만약 문제 자체를 잘못 읽어서 틀린 경우라면 문제 위에 연필로 '문제를 잘못 봐서 틀림'이라고 적어놓도록 하자. 내용을 모르는 문제는 아니었으니 중점적으로 복습할 필요는 없으나 내가 얼마나 실수를 하는지 확인하기 위해 표시해둬야 한다. 다음은 별표를 쳐둔 문제이다. 별표를 친 문제들은 보기 중 일부는 O, X를 제대로 표기하였을 것이나, 보기 중 두세 개가 헷갈렸을 것이다. 이것이 왜 헷갈렸는지를 확인하는 것이 중요하다. 헷갈린 부분은 다시 헷갈리는 경우가 많으니 반드시 따로 정리해두자.

특히 주의해야 할 점이 하나 있다. 문제만 풀어보고 끝내면 학습 효과가 없다. 반드시 정리가 동반되어야 한다. 내가 약한 부분, 헷갈린 부분을 따로 정리하는 것이 중요하다. 가능하다면 잘 풀었던 파트도 짧게 키워드 중심으로 정리하자. 정리를 했다면 진도별 모의고사 책은 더 이상 보지 않아도 된다. 시험공부는 줄이는 것이 중요하다. 과감하게 버려라.

# 많은 양을
# 암기하는 법

머릿속에 기억할 수 있는 양은 제한되어 있다.
따라서 절대적인 암기량을 줄이는 방법을 끊임없이 고민해야 한다.

'공부할 내용은 해마다 는다. 무조건 빨리 붙어야 한다.'

국제재무분석사, 미국회계사, 공인중개사 등 수많은 시험에 응시하며 공통적으로 느낀 바가 있다면 바로 저것이다. 어느 시험 할 것 없이 응시자 입장에서 공부의 양은 해마다 불어나고 있다. 이유는 간단하다. 응시자가 많아지면, 그만큼 경쟁이 치열해지고, 그 안에서 변별력을 주기 위해 기존에는 보지 않아도 되었던 부분에서 문제가 출제되는 것이다. 따라서 공부해야 하는 양이 저절로 늘어날 수밖에 없다.

한 과목을 보는 데도 시간이 오래 걸리는데, 이를 머릿속에 모두 담아내기란 쉽지 않다. 닥치는 대로 암기해서는 시험장에서 "봤던 거 같은데…"를 연발하며 찍어야 할지도 모른다. 만약 이런 후회를 자주 한 사람이라면 앞으로 나오는 내용에 주목하자.

## 암기에 논리를 더하라

사람의 뇌는 논리 없이 조각나 있는 파편적인 정보는 잘 잊어버린다. 하지만 이 정보들을 엮어줄 논리가 있다면, 하나의 정보를 통해 연관된 여러 정보들이 연상되어 더 효과적으로 기억할 수 있다. 예를 들어 행정학에서 시장실패와 정부실패의 기본 개념에 대해 공부하는 경우, 다음과 같이 간단한 논리의 연결고리를 만들어주면 훨씬 암기가 쉽다.

- 시장이 알아서 돌아가도록 그대로 두면 어떻게 될까? → 과도한 개발로 환경오염 같은 **시장실패**가 생겨. → 그럼 **정부**가 **개입**해야겠네? → 하지만 정부가 너무 심하게 개입하면 과도한 규제에 따른 **부작용**이 심하게 오기도 해. → 그래서 다시 '**작은 정부**'를 요구하지.

이렇게 기본 개념의 경우, 설명하듯 논리적으로 엮어두면 전체적으로 잊지 않고 쉽게 기억해낼 수 있다.

## 익숙한 것에서 떠올려라

다음으로 생활과 밀접한 사례와 연결 지어 암기해보자. 예를 들어 경제학에서 '독점시장에선 가격을 공급자가 정한다는 것'을 외울 때 한국전력공사가 가정용 전기요금을 한 가지 기준으로 정하는 것을 생각한다면 독점시장의 특징에 대한 암기가 빠르다.

대니얼 래비턴이 쓴 『정리하는 뇌』에 따르면 우리가 일을 깜빡하거나 물건을 잃어버리지 않게 해주는 가장 중요한 원칙은 '정리'의 부담을 뇌가 아닌 외부 세계로 넘기는 것이라고 한다. 성공하는 사람들은 집에서, 차에서, 사무실에서, 그리고 자신의 일상생활 속에서 기억을 떠올리게 도와주는 물리적 장치들을 고안함으로써 기억이라는 부담을 머리에서 환경으로 넘기는 것이다. 이처럼 우리가 익숙한 주변 환경으로 우리의 기억을 넘겨보자. 이런 식의 이해는 쉽게 잊히지 않는다.

# 이미지로 기억하라

미국 스탠퍼드 대학교 로버트 혼 교수의 연구 결과에 따르면 '듣고 기억한 정보'는 약 15퍼센트 정도 머리에 남았지만, '이미지와 함께 기억한 정보'는 무려 89퍼센트나 남았다고 한다. 이미지와 정보를 연결지어 기억한다면, 보다 쉽게 암기할 수 있으며 기억에도 오래 남는다는 것이다. 따라서 어떤 개념을 학습하면 가급적 머릿속에 그림을 그려 이미지로 외우는 것을 추천한다.

예를 들어 '무사안일'이라는 개념을 배웠다고 하자. 무사안일이란 창의적·능동적 업무 수행을 피하고, 피동적·소극적으로 현상을 유지하려는 행동 성향을 의미한다. 이 개념의 뜻을 외워야 할 때 이미지를 연상해본다면 어떨까? 사무실에서 매번 놀고 있는 직장 동료를 떠올려보자. 거의 일은 하지 않고, 꼭 해야 할 일만 최소한으로 처리하고 떠나는 그 여유로운 뒷모습을 무사안일과 연결 지어 외우면, 뜻도 쉽게 기억할 수 있고 무엇보다 기억에 오래 남을 것이다.

## 암기의 절대량을 줄여라

머릿속에 기억할 수 있는 양은 제한되어 있다. 책에 나온 모든 내용을 암기할 수는 없다. 따라서 절대적인 암기량을 줄여야 한다. 그 방법 중 하나는 바로 '핵심 키워드'를 위주로 암기하는 것이다. 실제로 우리 뇌는 문장을 암기하는 것보다 단어를 더 쉽게 기억해낸다고 한다. 암기량을 늘리기보다 짧게 줄여 핵심 단어만 기억하겠다는 마음으로 정리해보자. 확실히 단기간에 더 많은 양을 암기할 수 있을 것이다.

# 초효율
# 무작정 암기의 기술

이해가 필요 없는 무작정 암기는
빠르게 자주 반복하는 것이 답이다.

"외워라. 외우면 해결된다."

내가 고등학생 때 공업 선생님이 수업 시간마다 하신 말이다. 가급적이면 이해를 전제로 한 암기를 해야 한다. 하지만, 영어단어, 역사적 사건과 사실, 법에 명시된 숫자 등 이해를 하지 않고 무작정 암기를 해야 하는 경우도 있다. 암기를 해본 사람들은 알 것이다. 무작정 암기는 너무 지겨운 작업이고, 조금 암기를 하다 보면 금세 집중력이 떨어진다. 그래서 무작정 암기는 최대한 고통스럽지 않게 해야 한다. 어떻게 하면 좋을까?


## 무작정 암기의 핵심 3요소

무작정 시작하기에 앞서, 무작정 하는 암기를 잘하기 위한 핵심 요소 세 가지를 먼저 알아보자.

첫째, 굳이 이해하려 노력하지 마라. 영단어를 암기하는 데 어원을 찾거나 이 단어는 왜 그런 의미일까를 고민해서는 안 된다. 일단 그냥 암기하겠다는 마음으로 보자.

둘째, 빠른 속도를 유지하는 것이다. 이해가 되지 않으면 '이렇게 공부해도 되나' 싶은 생각에 속도가 점점 느려지기 마련이다. 무작정 외우는 것들의 포인트는 앞서 말한 것처럼 이해가 필요 없는 암기란 점을 전제한다. 따라서 이해하려는 노력 없이 속도를 유지하는 것이 필요하다. 그래야 자주 반복할 수 있고, 자주 봐야 뇌에 각인되듯 무작정 암기할 수 있다.

셋째, 암기 진행상황을 스스로 판단해라. 당장 기억력을 높이고 싶다면 습관적으로 진행상황을 체크해보자. 달성해야 할 목표를 잘게 쪼개서 매일 얼마나 외웠는지 그 진행상황을 파악하는 것이다. 매일 암기한 내용이 쌓여갈수록 성취감과 집중력, 기억력을 함께 끌어올릴 수 있다.

내가 자주 까먹는다고 스스로를 자책하지 말자. 애초에 뇌는 잊어버리는 메커니즘을 중요시하는 기관이다. 정보를 취사선택하여 잊어버림으로써 머릿속 용량을 조율하기 때문이다. 만약 잊어버리는 기능이 없다면 뇌에는 엄청난 양의 정보가 쌓여서 본래의 기능을 하지 못하고 과부하가 생길 것이다. 잘 잊는 것은 어쩌면 뇌가 그만큼 작동을 잘하고 있다는 의미란 걸 잊지 말자. 지금부터 소개하는 방법 중 가장 맞는 방법을 활용하여 효율적으로 무작정 암기해보자.

## 최소 3번 읽어라

처음 공부하는 내용이 즉시 외워지는 마법 같은 일은 아쉽게도 일어나지 않는다. 암기할 내용이 눈과 뇌에 익숙해지려면 최소 세 번의 반복이 필요하다. 처음 볼 때는 '이런 게 있구나' 하는 마음으로 주요 키워드를 중심으로 읽는다. 이때 개념과 용어를 한 번에 외우겠다는 심리적 부담을 내려놓는 연습이 필요하다. 아무리 어려운 개념도 자주 보면 친숙해지고 거부감도 줄어들기 마련이다. 예를 들어 영어단어집을 보는 경우라면 핵심 단어만 보면 되고 책에 있는 예문이나 유의어, 반의어까지 보지 않아도 된다. 두 번째 볼 때는 '각 개념과 용어가 어떤 내용인지를 주목' 해서 본다. 첫 번째 본 내용들이 전혀 기억나지 않더라도 당황하지 마라. 당연한 과정이다. 세 번째 볼 때는 이전보다는 익숙함을 느낄 수 있을 것이다. 이때는 유독 어색하거나, 눈에 들어오지 않는 단어가 있다면 표시를 해두자. 그 후 반복할 때는 그 내용을 중심으로 보는 것이다.

세계 기억력 선수권대회 그랜드 마스터가 된 이케다 요시히로의 『뇌에 맡기는 공부법』에서도 공부의 완성도를 높일 수 있는 방법으로 3회 빠르게 복습하는 것을 강조한다. 사람마다 기억력의 차이가 있어 정해진 반복 횟수가 있는 것은 아니지만, 머리에 어느 정도 새겨짐을 느끼려면 3회 이상 반복해야 하고, 정확하게 암기하고 싶다면 추가로 3~5회를 더 보아야 한다. 인과관계가 없는 내용을 암기할수록 반복 횟수를 늘려야 한다.

## 3일 안에 반복하라

"자주 보세요. 반복하면 암기할 수 있습니다."

암기할 때 반복의 중요성을 모르는 사람은 없다. 하지만 무작정 암기할 때 더 주목해야 하는 건 반복 간격이다. 토론토 대학의 엔델 털빙 교수와 영국의 심리학자 앨런 배들리는 간격을 두지 않고 반복해서 읽는 것은 암기에 큰 도움이 되지 않는다는 것을 실험에서 밝혀냈다고 한다. 즉, 간격을 두지 않고 두 번 읽은 것은 한 번 읽은 것과 동일한 셈이다. 그렇다며 어느 정도 간격을 두고 반복하는 것이 좋을까?

독일의 심리학자 헤르만 에빙하우스에 따르면 사람의 기억은 학습 후 20분 뒤 약 42퍼센트를 잊고, 1시간 후에는 약 56퍼센트를 잊으며, 하루 뒤에는 약 66퍼센트를, 7일이 지나면 약 80퍼센트를 잊어버린다고 한다. 말 그대로 뒤돌아서면 잊어버리는 것이다. 따라서 뇌가 모든 것을 잊어버리기 전에 망각 과정에서 공부한 바를 다시 한번 상기시켜줄 필요가 있다.

뇌가 버려도 되는 정보라고 판별하는 기한은 3일이다. 3일이 지나도록 사용하지 않은 정보는 삭제되는 것이다. 따라서 만약 기억해둔 것을 잊어버리고 싶지 않다면 3일 안에 복습해야 한다. 그리고 새 정보가 장기기억에 저장될 때까지는 6주가 걸린다. 완전히 잊기 전에 다시 보아야 하므로 학습 후 3일에서 6주 사이에 반드시 다시 보는 것을 추천한다.

여러 가지 내용을 종합해보았을 때, 최적의 반복주기는 다음과 같다.

- 공부한 당일 저녁에 한 번

- 공부한 후 3일 내 한 번

- 공부한 지 2개월 내 한 번 (장기기억 전환)


즉, 일주일 이내에 두 번을 반복하고, 그로부터 2개월이 지나기 전에 다시 한번 보는 것이 효과적이다. 무작정 암기라는 방법 역시 차곡차곡 쌓아나가는 누적 학습임을 잊지 말자.


## 암기만큼 출력에 주목하라

기억력을 향상시키기 위해서는 '외우는 능력'도 중요하지만, 기억을 꺼내는 능력, 즉 '출력'이 중요하다. 다시 말해 문제를 풀 때 외운 내용을 기억에서 꺼낼 수 있냐는 것이다. 무작정 암기하는 경우는 이해를 바탕으로 하지 않기 때문에 더더욱 '출력을 생각'해야 한다.

일단 빠르게 읽은 후 외운 것을 소리 내어 말해보자. 소리 내서 읽으면 기억한 것을 꺼내고, 다시 한번 내 귀로 입력하는 효과를 볼 수 있다. 만약 소리를 낼 수 없는 환경이라면 종이에 낙서를 하는 것도 효과적이다. 영국 플리머스 대학의 한 연구에 따르면, 전화하며 대화 내용을 낙서한 집단이 그렇지 않은 집단보다 전화 내용을 약 29퍼센트가량 더 많이 기억했다고 한다. 당장 종이가 없다면 '손가락으로 허공에 적는 것'도 기억력을 높인다고 한다. 적으며 암기하는 것보다 일단 읽은 후 자유롭게 낙서를 하며 다시 상기시키는 방식으로 암기해보자.

## 암기 시간은 '15분+5분'

무작정 암기는 지겨우면 실패한다. 물론 논리 없이 암기하는 것은 1분만 공부해도 지겹다. 따라서 최대한 집중력을 유지하는 시간 범위 내에서 암기하자. 한 호흡에 60분을 집중할 수 있는 사람이라도, 무작정 암기하는 공부를 할 때는 쉽게 지치기 마련이다. 따라서 15분간 암기한 뒤에는 5분간 휴식 시간을 가져 뇌를 환기시키는 것이 좋다. 이를 짧게 자주 반복할 수 있도록 '15분 암기+5분 휴식' 구성을 하루 세 번(아침, 점심, 저녁) 실천해보자. 잊지 말자. 집중력이 흐트러지면 오래 공부해도 효과는 떨어진다. 짧은 시간이나마 집중력을 유지할 수 있도록 암기 시간을 통제, 관리하는 연습을 하자.

## 이미지와 연결하라

"아, 키 크고 얼굴 하얀 그 사람 이름이 뭐더라?"

이처럼 우리는 사람을 기억할 때 이름보다 얼굴을 더 잘 기억한다. 실제 사람의 뇌는 문자보다 형상을 더 잘 기억한다고 한다. 마치 사람의 이름과 얼굴 사이에 인과관계가 없으나 이름과 얼굴을 매치하여 기억하는 것처럼, 무작정 암기할 때도 이미지와 연결하면 한결 수월하다. 예를 들어 이순신 장군의 마지막 해전인 '노량해전'을 암기하는 경우, 노란색 석양 뒤로 이순신 장군의 뒷모습을 떠올리며 '노랑'과 '노량'을 연결해 이미지를 떠올리는 등의 방식을 생각해볼 수 있다.

# 학원 강의
# 200퍼센트 활용법

수업이 끝나면 즉시 복습하는 습관을 갖자.
결국 자기 것으로 만들어야 의미가 있다.

대한민국의 모든 시험엔 이를 준비하는 사람들을 위한 학원 강의가 있다. 특히 공부를 처음 시작하는 경우, 강의를 먼저 듣고 공부하는 것이 일반적일 것이다. 물론 기초 개념부터 제대로 이해하며 공부할 수 있다는 큰 장점이 있지만, 그만큼 단점도 많은 것이 학원 강의다. 우선 학원에 다니게 되면 시간 활용이 자유롭지 못하며, 수십에서 수백만 원에 달하는 학원비도 부담이다. 심지어 강의 교재 역시 일반 교재에 비해 훨씬 비싸다. 그렇다면 과연 학원 강의는 필수인 것일까? 이번에는 학원 강의가 필요한지 스스로 자가진단을 해보고, 강의를 듣게 될 경우 이를 200퍼센트 활용할 수 있는 방법을 알려주고자 한다.

## 학원 강의가 반드시 필요한가

학원 강의는 제대로 활용하면 엄청난 효율을 얻을 수 있지만, 그렇지 않은 경우 대개 돈, 시간 낭비를 할 수 있다. 따라서 자신에게 학원 강의가 필요한지에 대한 판단을 먼저 내려야 한다. 학원 강의 수강 기준은 다음과 같다.

- 첫째, 처음 공부하는 과목인가
- 둘째, 혼자 공부해본 경험이 있는가
- 셋째, 금전적·시간적 여유가 있는가

처음 공부하는 과목의 경우, 학원 강의를 들으면 확실히 빨리 이해하는 데 도움이 된다. 공부할 때는 잘 이해되지 않는 부분이 있더라도 이 궁금증을 해소할 방법이 마땅치 않다. 또한 혼자 공부해본 경험이 없는 경우, 진도를 제대로 나가지 못하거나 몇백 페이지에 달하는 기본서를 읽다가 흥미를 쉽게 잃을 수 있다. 이런 경우에는 학원 강의를 통해 강제로 진도를 따라가며 공부하는 경험을 길러야 한다. 마지막으로 금전적·시간적 여유가 있다면 강의를 듣는 것이 좋다. 강사가 시험에 자주 나오는 부분들을 짚어주기 때문에 어디에 중점을 두고 공부해야 하는지 정확히 알 수 있고, 각 과목 및 내용의 중요도도 확인할 수 있다. 혼자 공부한다면 내용의 중요도를 모르는 상태에서 전체 내용을 봐야 하기에 학원 강의를 듣는다면 확실한 메리트가 될 수 있다.

## 학원 강의만 잘 따라가면 합격할 수 있을까?

결론부터 말하면 그렇지 않다. 오히려 시험을 망칠 수도 있다. 학원 강의를 듣는 것은 시간적으로 비효율적이다. 혼자 책을 보는 것이 동일한 양을 강의로 배우는 것보다 일반적으로 빠르다. 경험상 혼자서 흐트러지지 않고 공부할 수 있다면, 강의를 듣는 것보다 혼자 공부하는 진도가 두 배쯤 빠르다. 따라서 학원 강의가 가진 성격과 필요성을 따져보고 필요한 수업만 듣는 것이 좋다.

# 강의 200퍼센트 활용법

학원 강의로 돈과 시간을 낭비하지 않을 수 있도록 각 강의 성격에 따른 강의 활용법을 정리하고자 한다. 각 강의별로 정확한 학습 방법과 복습 방법을 알고 필요한 강의만을 선택할 수 있도록 하자.

## 기본 개념 강의

처음 공부를 시작하는 단계에서 내용을 제대로 이해하고 싶다면 선택하라. 만약 기본서의 한 페이지에서 모르거나 이해가 되지 않는 부분이 절반 이상이라면 더더욱 기본 개념 강의는 수강하는 것을 추천한다. 기본 개념 강의에서 중요한 것은 '당일 복습'이다. 강의를 들으면서 학습한 것은 강의 종료와 동시에 잊어버릴 것이다. 당일 복습은 학습한 내용을 이해하였는지에 초점을 두며, 학습한 범위의 책 내용을 한 번 읽어보는 정도면 충분하다. 복습 시간은 수업 시간의 절반 정도로 잡는 것이 좋다. 이때, 복습 시간은 수업 시간을 넘기지 않도록 한다.

## 문제풀이 강의

문제풀이 강의는 이해한 내용이 문제에 어떻게 적용이 되고,

어떤 부분이 변형되어 출제되는지를 파악하는 데 초점을 둔다. 따라서 혼자서 복습할 때의 시간을 줄일 수 있는 강의다. 이 문제풀이 강의는 기본 개념 강의를 들었다면 반드시 듣지 않아도 된다. 다만, 기본 개념 강의를 들었다 할지라도 아직 내용이 정확하게 숙지되지 않았다면 다시 들으며 내용을 이해하고, 문제에 어떤 식으로 개념이 적용되어 나오는지 살펴보는 것도 좋다.

주관식 시험의 경우 문제풀이 강의를 듣는 것을 추천한다. 서술형 주관식은 보통 한 과목에 서너 문제로 구성되며, 출제가 예상되는 부분을 집중적으로 공부해야 한다. 따라서 자신보다 연구를 많이 한 강사가 찍어주는 주제들을 공부해둘 필요가 있다. 서술형 주관식은 답안을 작성하는 방법도 중요하다. 강사가 제시하는 여러 가지 노하우를 익혀서 답안 작성을 연습해보는 것도 도움이 된다.

### 요약 강의

혼자 요약노트를 정리할 수 있다면 듣지 않아도 된다. 지금까지 기본서와 문제집을 기반으로 공부하면서 어디를 중심으로 봐야 하는지를 숙지하였다면 충분히 혼자 정리하며 암기할 수 있다. 만약 혼자서 정리하기 힘들고, 내용의 중요도를 잘 모르겠다면 수강을 고민해봐도 좋다. 요약 강의는 대개 전체 학습을 한 차례 마친 후 듣게 되기 때문에 1.4배속으로 빠르게 들어 시간을 아끼도록 하자. 강의 후엔 자신이 직접 마무리를 하고 복습을 통해 내용을 한 번 더 떠올려보자. 혹시 빠뜨린 것은 없나 확인하는 자세로 강의를 듣는다면 학습 효과가 높을 것이다.

### 모의고사 강의

모의고사 강의에서 가장 중요한 것은 시간을 재며 문제를 풀어보는 것이다. 문제의 정답을 맞히는 것도 중요하지만, 그보다 '시간 내 문제를 모두 풀 수 있는가'가 더 중요하다. 따라서 모의고사 강의를 듣지 않더라도 반드시 시간을 재며 문제를 푸는 연습이 필요하다. 만약 강의를 듣는다면, 채점한 결과에 따라 내가 어느 부분이 취약한지, 어떤 내용을 헷갈려하는지에 초점을 맞춰 강의를 들어야 한다. 모의고사의 경우 여러 사람이 시험을 보면 통계표가 나오는데 문제별 정답률과 전체 점수 분포를 보고 내 위치가 어디인지, 다른 사람은 어디서 틀리는지 등을 확인하자.

### 동형 모의고사 강의

동형 모의고사란 해당 연도의 기출문제를 바탕으로 재구성한 시험을 말한다. 따라서 이 역시 모의고사와 동일하게 실전처럼 문제를 풀어보는 연습이 가장 중요하다. 동형 모의고사 강의를 수강할 정도면 이미 공부가 어느 정도 정리된 이후일 것이다. 따라서 시험에서 내가 자주 실수하는 행동이 어떤 것인지를 파악하기 위해 실전처럼 문제를 푸는 연습이라고 생각하면 된다. 예를 들어 '~옳지 않은 것은?'이라는 문제를 매번 잘못 보고 '옳은 것'을 답으로 고른다면, 실전에서도 그런 실수를 할 확률이 높다. 자주 실수하는 행동을 따로 정리해두자. 이는 '시험형 인간의 한 달 전략'에서 더 자세히 설명하겠다.

## 강의를 듣는 날의 하루 활용법

### 강의 시간은 하루 4시간 이내

전업으로 공부하는 수험생이라면 하루 강의는 3시간 30분 정도 듣는 것이 좋다. 일반적으로 노량진에서 실강 하나를 듣는 시간이 그 정도이다. 복습 시간을 고려했을 때 그 이상은 적절하지 않다. 복습은 2~4시간 정도로 하고, 시간이 남으면 스스로 내용을 다시 정리하거나 관련 문제를 풀어보는 것이 좋다. 반면 직장인의 경우 하루에 강의 하나도 듣기가 어렵다. 하루에 3시간 이상 공부 시간을 확보하기도 어렵고, 퇴근 후 그만큼의 양을 소화하기에는 체력적으로 부담이 된다. 따라서 직장인이라면 절반 정도인 1시간 30분 정도만 수업을 듣는 것이 적당하다.

### 강의 후엔 당일 복습하라

하루에 수강할 양을 정해서 강의를 들을 때 수업에서 배운 내용은 단 하나도 놓치지 말아야 한다. 강의를 듣다 보면 잠시 딴생각을 하다가 설명을 놓치기도 하는데, 설명한 내용 중 일부라도 빠뜨리면 안 된다. 실강의 경우 나는 항상 녹음을 했다. 잠시 내가 설명을 놓쳤다면 놓친 부분의 녹음 시간을 적어놓았다가 수업이 끝나면 바로 다시 확인하여 무슨 내용을 설명했는지 체크하였다. 온라인 강의의 경우에는 즉시 돌려서 다시 듣는다. 복습할 때 강의에서 들은 내용이 기억나지 않으면 다시 찾아가 듣기도 했다.

복습할 땐 강의에서 무슨 내용을 설명했는지를 확인하는 것이 가장 중요하다. 강의 내용을 되짚어보고 자신이 체크한 중요도에 따라 다시 정리하자. 또 오늘 강의에서 언급한 내용이 이후 범위와 연관이 되어 있는 경우, 별도의 체크가 필요하다. 만약 이 부분을 놓친다면 다음 수업 때 관련 개념을 이해하기 어려울 수 있기 때문이다.

### 강의 수강 팁 1 : 필기는 어떻게 할 것인가

학원 강사들은 강의 중에 칠판에 필기를 한다. 일단 판서하는 내용은 적어두는 것이 좋다. 설명하는 내용 중 사례를 예시로 드는 경우에는 포스트잇에 적어두고, 정의나 설명인 경우에는 책 여백에 적어두도록 하자. 강의를 들은 후 복습하는 과정에서 필기한 내용의 중요도를 확인하고 일부를 삭제해도 된다. 강사가 짧게 말로 설명했으나, 내가 이해하기 쉽도록 적어두고 싶은 내용들은 기본서 여백에 연필로 빠르게 적어두자. 나중에 봐도 이해하기 쉽도록 구어체로 설명하듯 적어두는 것이 좋다. 이 부분은 복습한 후에 필요 없다면 지워도 좋다.

### 강의 수강 팁 2 : 보충 자료를 추가로 배포하는 경우

수업 시간에 나누어 준 보충 프린트를 따로 가지고 있으면 기본서를 볼 때마다 챙겨야 하고 복습하는 과정에서 시간 소모도 커진다. 보충 자료는 나중에 볼 것처럼 모셔두지 말고, 빠르게 정리하고 치워버리자. 시험공부는 공부할 양을 줄여나가는 것이 중요하다. 학원에서 배포한 보충 자료는 복습하는 과정에서 필요한 부분은 책에 필기를 하고, 자료는 집에 쌓아두었다가 혹시 생각이 나서 참고하고 싶을 때만 꺼내 보도록 하자.

학원 강의를 활용하는 데 항상 명심해야 할 것은 스스로 복습을 해야 한다는 것이다. 특히 강의만 들어서는 전혀 효과가 없다. 수업이 끝나면 즉시 복습하는 습관을 가지자. 결국 공부는 자기 것으로 만들어야 의미가 있다.

# 집중력을
# 높이는 방법

잡념을 줄이고 싶다면
단순하고 평탄하게 생활하라.

공부할 때 집중력은 정말 중요하다. 집중력은 공부를 효율적으로 하는 데 가장 큰 영향을 주는 요소 중 하나다. 얼마나 내용을 잘 이해했는지, 얼마큼 기억하는지는 공부할 때 얼마나 집중했는지에 따라서 결정된다. 온전히 몰입했던 일일수록 기억에 남는다는 사실은 여러분도 경험을 통해 익히 알고 있을 것이다. 그만큼 집중력은 공부에 중요한 요소이니 잘 관리하며 공부할 수 있어야 한다. 지금부터 경험을 통해 터득한 '잡념을 줄이고 집중력을 높이는 방법'에 대해 이야기해보고자 한다.

## 단순하게 생활하라

잡념을 줄이고 싶다면 잡념이 발생하지 않는 생활을 하는 것이 중요하다. 잡념은 나의 뇌에 남아 있는 기억의 조각들이다. 친구와의 다툼과 같이 충격적인 기억이라면 잡념이 더 심해질 것이다. 반대로 일상적인 기억들로 채워진다면 머리에 이것저것 떠오르는 것이 적다. 잡념이 줄어들려면 생활이 심심해져야 한다. 음악이 크게 나오는 술집에서 내가 정말 보고 싶었던 사람들과 몇 시간 동안 큰 소리로 대화하며 즐거운 시간을 보냈다면 그 기억의 잔상이 남게 되는 것은 당연하다. 생활을 평탄하고 단순하게 해야 기억의 충격을 줄일 수 있고, 잡념도 줄어들어 집중력을 높일 수 있다.

## 작은 목표로 쪼개어 단순화하라

생활을 단순하게 관리하여도 잡념이 사라지는 것은 아니

다. 특히 잡념이 유독 심하게 떠오르는 날도 있다. 이런 날은 다른 날보다 학습 목표와 공부 시간을 쪼개는 것이 좋다. 원래 잡혀 있었던 하루의 계획을 좀 더 세분화해서 작은 공부 목표를 만들어보자. 그 목표를 달성하면 또 작은 목표를 새롭게 설정하자. 너무 오래 앉아 있지 말고, 그날만큼은 휴식 시간의 주기를 줄여서 한 가지 목표를 달성하면 잠시 쉬고, 다시 작은 목표를 설정하여 달성하는 방식으로 학습하자.

## 공부법에 변화를 줘라

잡념이 생겨도 공부는 멈출 수 없다. 그렇다면 잡념과 지루함을 날려버리기 위해서는 공부법에 변화를 주는 것이 좋다. 앉아서 공부하던 것을 일어서서 한다든가, 독서실이 아니라면 소리 내어 읽는 방식으로 공부를 해보자. 손으로 쓰며 공부하는 것도 좋은 방법이다. 평소에 시도해보지 않았던 공부법을 시도해볼 수 있는 좋은 기회로 생각하고 다양한 방법을 고안해보는 것을 추천한다.

## 집중을 방해하는 것은 책상에서 멀리 둬라

핸드폰, 노트북 등과 같은 주의력을 산만하게 만드는 모든 요소를 책상에서 멀리하자. 도서관에 있다면 가방이나 사물함에 넣어두자. 급한 연락이 없다면 핸드폰을 무음으로 하고 멀리 두자. 인터넷이나 메시지 확인 등은 휴식 시간이나 식사 시간에 하자.

## 음악은 휴식 시간에 들어라

음악을 들으면 기분이 좋아지고, 주위가 환기되는 경험을 할 수 있다. 이는 집중력을 높이는 데 도움을 준다. 하지만 음악을 들으며 공부를 하면 집중력이 떨어진다. 특히 가사가 있는 노래의 경우 더욱 그러하다. 보통 공부는 글자를 읽으며 내용이 뇌에 인지되고 그것을 의미로 이해하는 과정을 거치는데 글자를 인지하는 과정에서 음악의 가사가 머리로 들어와 학습을 방해할 수 있기 때문이다. 몸이 너무 쳐지고 기분 전환이 필요한 날이라면 가사가 없는 음악을 선곡해 들으며 공부하는 것도 방법이다. 하지만 되도록 음악으로 주위를 환기하는 것은 휴식 시간이나 식사 시간에 하는 것이 바람직하다.

## 뚜렷한 목표 의식을 상기하라

게임에 집중하기 쉬운 이유를 생각해보자. 반드시 이기고 싶고, 재미있기 때문이다. 공부를 할 때 역시 '내가 왜 해야 하는지'에 대한 목표 의식, 그리고 '반드시 이루고 말겠다'는 확고한 결심이 있어야 한다. 더불어 공부의 기나긴 과정을 즐길 수 있어야 집중도 잘 할 수 있다. 자격증을 따기 위해, 영어를 잘하기 위해, 승진 시험에 합격하기 위해 공부를 시작했다면, 일단 '이제 머리가 굳어서 집중력도 떨어지고 공부가 잘 안 되네'와 같은 부정적인 생각부터 떨쳐야 한다.

집중력을 높이기 위해서는 먼저 기분과 분위기를 조절하는 것이 우선이다. 집중력이 떨어질 때는 나에게 이 공부가 얼마나 필요한지, 얼마나 원하는지를 돌아보기 바란다. 아무리 중요한 일이라도 '하라고 하니까' '도움이 되니까' 같은 마음으로 억지로 하고 있다면 시간도 오래 걸리고 집중력도 떨어진다.

# 합격 수기를
# 내 것으로 만드는 법

개인마다 상황마다 공부법은 달라질 수 있다.
핵심은 '나에게 맞는 방법'을 찾아야 한다는 것이다.

고등학교 졸업까지 약 12년을 학교에서 보내지만 공무원 시험, 자격증 시험 등을 준비하면서 진짜 처음 제대로 공부해보는 사람들이 많다. 대학교에 와서도 중간·기말고사 기간에 잠깐 바짝 내용 정리하고 시험을 보면 더 이상 공부를 하지 않기 때문이다. 하지만 하나의 시험을 정말 제대로 준비해보면, 이제까지 공부라고 생각했던 것과는 전혀 다른 상황을 맞닥뜨리게 된다. 꽤나 장기간 혼자 공부해야 하기 때문에 굉장히 심한 압박감을 받게 될 수 있다. 망망대해에 혼자 떠 있는 느낌이랄까? 그래서 늘 '내가 공부를 잘 하고 있는 것 맞나?' 하는 생각이 들 것이다.

나에게도 질문이 많이 온다. "A과목은 무슨 책을 몇 번 봤고, 5~6월 동안에는 문제집을 풀고, 정리를 할 생각입니다. 이렇게 하면 합격할 수 있을까요?" 본인이 합격의 방향으로 가고 있는지 확인하고 싶은 것이다. 나도 그랬다. '어떻게 하면 좀 더 효율적으로 공부할 수 있을까?' '더 잘하려면 어떤 방식으로 공부해야 할까?' '지금 잘 정리하고 있는가?' 하는 의문이 들 때 나는 롤모델과 합격 사례를 통해 답을 찾으려고 노력했다.

## 롤모델이 필요한 이유

사람마다 공부 습관 및 생활 환경이 다르다 보니 좋은 공부법을 안다고 하여도 나의 상황에 적용하는 데 어려운 점이 있을 수 있다. 시험공부를 하다 보면 '독서실에서 공부하는 게 좋을까? 도서관에 가는 것이 좋을까?' '펜은 어떤 것을 쓰는 게 좋을까?' '현 시점에서 문제를 한 번 더 푸는 것이 좋을까? 내용 정리를 하는 것이 좋을까?'와 같은 여러 갈등에 직면하게 된다. 이렇게 고민이 깊어질 때 롤모델이 필요하다. 나보다 더 잘한다고 생각하는 사람이 어떻게 하는지를 보면 내가 행동하는 데 도움이 된다. 나도 처음 공부를 시작했을 때 무작정 공부 잘하는 사람들의 방식을 따라 했었다. 따라하다 보니 나에게 맞는 방법과 그렇지 않은 방법을 자연스레 알게 되었고, 점차 나만의 공부법을 찾아갈 수 있었다.

내가 행정고시를 공부할 때의 일이다. 행정고시 2차는 주관식으로 답을 써야 하는데, 학원에서 진도별 모의고사를 보고 나면 가장 잘 쓴 답안지를 게시판에 붙여주곤 했다. 그 답안지와 내 것을 비교해보면서 차이점을 확인하며 고득점을 받는 요령을 터득해나갔다. 노트 정리도 마찬가지다. 수석합격자의 요약노트를 통해 그 과목의 정리 방식을 파악해볼 수도 있다. 롤모델은 기본적으로 나보다 더 잘한다고 생각하는 사람이다. 혼자 공부하며 난관에 부딪혔을 때, 혹은 스스로 부족한 부분을 찾지 못할 때 나보다 더 잘하는 사람의 발자취를 통해 해답을 찾을 수 있다는 사실을 잊지 말자.

## 필요한 부분만 선별하자

사람마다 맞는 방법이 있다. 공부를 잘하는 한 사람 전체의 모습을 롤모델로 삼을 필요는 없다. 나에게 맞다고 판단한 방법은 그대로 밀어붙이면 된다. 고민하는 부분이 있다면 그 부분에 대해 두세 명 이상의 다른 사람들이 어떻게 하는지 찾아보고, 그 중에 자신에게 맞는 방법을 선별하는 것이 좋다. 주변의 조언과 합격 수기를 통해 얻을 수도 있다.

## 합격 수기는 어느 정도 활용하는 것이 좋을까

합격 수기를 볼 때 주의해야 할 점이 있다. '합격자라고 해서 그들의 방법이 모두 좋은 것은 아니라는 점'이다. 합격자들은 합격 점수의 커트라인을 넘겼을 뿐, 그들이 택한 공부법이 반드시 효과적이라고 말할 순 없다. 그들의 공부법이 나에게는 맞지 않는 최악의 공부법이 될 수도 있다는 사실을 잊어서는 안 된다. 예를 들어 행정고시 합격자 중 밤의 조용함과 새벽 기운이 집중력에 도움이 된다는 이유로 밤 10시부터 낮 12시까지 공부했다는 사람을 만난 적이 있다. 일반적으로 밤낮이 바뀐 공부 시간은 추천할 수 없다. 앞서 언급한 바와 같이 낮까지 자는 생활 습관에 익숙하다면 시험을 보는 당일 아침에 뇌의 활동이 활발하지 않아 공부한 만큼의 결과가 나오지 않을 수 있다.

비법이나 특이한 방법보다 합격 수기에 적힌 '사실'만을 참고하기 바란다. 무슨 책을 보고 공부했는지, 기간과 공부량은 어느 정도였는지, 과목별로 몇 번 정도 보았는지와 같은 비교적 주관이 들어가지 않는 부분만을 참고하기 바란다. 한 사람의 수기보다 여러 사람의 수기를 참고해서 비교적 공통되게 나오는 학습 방법을 활용하기 바란다. 개인마다 상황마다 공부법은 달라질 수 있다. 사례를 참고하는 것은 좋지만, '나에게 맞는 방법'을 찾아야 한다는 점을 명심해야 한다.

# 제대로 쉬는 것도
# 공부다

**공부 자체를 흐트러지게 하는 일들은 피해라.**
**공부할 때는 '심심하게' 생활하라.**

공부를 하기도 아까운 시간에 쉰다고? 수험생에게 휴식과 잠은 사치처럼 느껴진다. 하지만 제대로 쉬는 것도 공부라는 점을 잊어서는 안 된다. 예를 들어 평소보다 1시간 늦잠을 잤다고 해보자. 아침에 일어나는 그 순간부터 기분이 좋지 않다. 하루의 첫 단추를 제대로 꿰지 못한 탓에 '아, 오늘 하루 공부 망쳤네'란 생각이 절로 든다. 하지만 공부할 의지가 있었음에도 불구하고 늦잠을 잤다면 이는 '너무 피곤해서'일 가능성이 높다. 즉, 휴식이 부족한 것이지 게을러서 늦잠을 잔 게 아니란 뜻이다. 이처럼 내 몸을 돌보고 '잘 쉬는 것' 역시 공부다. 시간이 없다고 해서 전혀 쉬지 않는다면 몸도 마음도 쉽게 지쳐버린다. 그렇다면 바쁜 수험 기간 중 어떻게 쉬는 것이 좋을까?

## 공부 시간과 휴식 시간을 정해라

공부 시간과 휴식 시간을 정해두고 이를 번갈아가며 반복하자. 그 리듬에 익숙해지는 게 중요하다. 이때 공부 시간은 한 번에 집중할 수 있는 최대 시간으로 잡고, 휴식 시간은 10~15분 정도로 정하는 것이 좋다. 만약 시간으로 휴식 지점을 잡는 것이 신경 쓰인다면, 내용이나 진도를 기준으로 휴식 지점을 구분해도 좋다. '1단원 복습을 끝내면 휴식 시간을 갖겠다'와 같이 특정 지점에서 휴식 구간을 주는 것도 좋다. 공부 시간 사이에 적절한 휴식은 다시 집중할 수 있는 힘을 주고, 뇌에 환기를 불러올 수 있어 충분히 취하는 것이 좋다. 참고로 휴식 시간은 공부 시간에 포함되지 않으니 스톱워치를 정지시키고 쉬도록 하자.

## 효율적인 휴식 방법

그렇다면 잠깐의 휴식 시간 동안 무엇을 할 것인가? 가장 추천하는 것은 가벼운 스트레칭과 주변 산책이다. 몇 시간을 책상에 앉아 있으면 어깨와 허리가 뻐근해지기 마련이다. 스트레칭으로 굳은 몸을 풀어주거나, 좋아하는 음악과 함께 산책하며 주위를 환기하는 것이 가장 좋다.

피해야 할 행동은 사람을 만나 대화를 나누는 것이다. 휴식 시간의 목적은 다음 공부 시간에 집중할 수 있도록 잠시 여유를 갖는 것인데, 대화하는 것 자체가 체력 소모가 커 여유를 취할 수 없다. 또한 상대와 나눈 대화의 내용이 계속 머리에 맴돌아 공부의 흐름이 깨지고, 잡념이 생길 수 있다. 게다가 대화하다 보면 계획했던 휴식 시간을 지키기 어려워진다. 따라서 가급적 혼자 쉬도록 하자.

## 현명하게 휴일을 보내는 법

휴일엔 반드시 잘 쉬어야 한다. '잘 쉰다는 것'은 휴식을 취한 후에는 컨디션이 좋아져야 한다는 것이다. 휴일을 보낸 다음 날 아침에 정상 컨디션이 아니라 어딘가가 아프다면 잘못된 휴식을 취한 것이다. 얼마 만에 한 번씩 휴일을 가질지는 각자의 상황에 따라 정하기 나름이다. 어떤 사람들은 책이 한 권 끝나거나, 목표한 부분이 완료되면 쉬기도 하지만, 수개월간 공부해야 하는 경우 일주일에 하루를 휴식하는 날로 정하는 것이 좋다. 나는 일주일 중 일요일을 쉬는 날로 하였다.

이때도 되도록 혼자 쉬는 것을 추천한다. 낮잠을 자는 것도 좋다. 혹 TV를 보려면 드라마보다 예능 프로그램처럼 한두 시간이면 끝나는 영상물을 추천한다. 수험과 관련된 인터넷 카페를 통해 다른 사람들은 어떻게 준비하고 있나 확인해보는 것도 좋다. 게임은 추천하지 않는다. 한두 시간 안에 끝내기 어려울뿐더러, 게임의 잔상이 오래도록 남아 휴식 시간 이후 공부에 방해가 될 가능성이 높다.

## 휴식도 심심하게 보내라

휴일을 보낼 때 강도 높은 운동을 하거나, 많은 친구를 만나거나, 술을 많이 마시는 것과 같이 공부 자체를 흐트러지게 하는 일들은 피해라. 공부할 때는 생활을 '심심하게' 유지하는 것이 좋다.

특히 짧은 하루 휴식이더라도 공부에서 완전히 손을 놓기보다 감각을 유지할 수 있을 정도로 가볍게 공부하자. 나는 휴일로 정한 일요일에 늘 주중 공부량의 약 30퍼센트를 계획해 공부했다. 평일보다는 여유롭지만, 공부의 긴장은 유지할 수 있을 정도로 두세 시간을 보냈다. 이런 식으로 공부 감각이 잘 유지되어야 휴일이 끝난 후에도 원활하게 공부할 수 있다.

# 무조건 한 번에 합격하는
# 공부법의 디테일

**시험공부의 핵심은 '남들보다 조금 앞서는 것'이다.**

'작은 차이가 명품을 만들고, 디테일이 명품을 만들 듯' 효율적인 공부도 디테일에서 결정된다. 어느 정도 공부 습관과 루틴이 형성되었다면, 이젠 디테일을 고민해볼 때다. 시험공부라는 것은 '남보다 조금 앞서는 것'이 핵심이다. 그러나 하루 24시간은 누구에게나 주어지고, 결국 하루에 공부에 쓸 수 있는 시간은 정해져 있다. 그렇다면 그 시간을 얼마나 더 효율적으로 쓰느냐의 차이가 합격과 불합격을 가르는 것이다. 그 차이를 만드는 공부법의 디테일을 소개해보고자 한다.


## 매일 아침 하루 계획을 떠올릴 수 있는가

제한된 시간을 효율적으로 쓰려면 한 번에 두 가지 일을 하거나, 오늘의 내 계획을 한눈에 그려보는 연습이 필요하다. 따라서 이미 루틴화된 습관에 다른 행동을 하나 붙여 아침마다 하루 계획을 머릿속에 그려보는 습관을 가져라.

나는 매일 아침 양치를 하면서 하루 계획을 떠올려본다. 몇시에 어디서부터 어디까지를 공부하고, 그다음 공부는 어떤 과목의 어느 부분인지를 자세하게 그려봤다. 이렇게 아침에 하루의 계획을 상기시키면 책상에 앉았을 때 바로 해야 할 일에 집중할 수 있다.


## 자기 전 10분, 한 번 더 복습하자

오늘 공부한 내용은 아주 가볍게 오늘 복습하는 것이 좋다. 자기 전 양치를 하면서 정리한 노트를 훑어보거나, 오늘 진도 나간 부분의 목차를 살펴보는 정도면 충분하다. 10분으로 뭐가 크게 달라지겠냐고 생각하겠지만, 자기 전 10분간 공부한 내용을 한 번 더 보는 것은 기억의 디테일에서 차이를 만든다. 시험공부는 경쟁자들보다 조금 앞서는 것이 핵심이다. 따라서 공부 시간 동안 남들과 똑같이 공부했다면, 이 10분이 앞서가는 차이를 만들 것이다.

## 바른 자세를 유지하는 연습

당연한 소리처럼 들리겠지만, 이 잔소리는 하고 넘어갈 필요가 있다. 공부할 땐 반드시 바른 자세를 유지하자. 삐딱한 자세로 오래 공부하면, 어깨나 목이 결리기 쉽고 허리 디스크로 고생할 수 있다. 만약 통증이 한 번 생기면 계속 신경 쓰여 공부에 집중하기 어려워지고, 또한 이런 종류의 통증은 만성적으로 지속될 가능성이 높기 때문에 평소 바른 자세를 유지하고 꾸준히 스트레칭을 하는 습관을 갖는 것이 중요하다.

허리를 꼿꼿이 세우고, 어깨를 편 상태로 가슴이 사선 위를 향할 수 있도록 의식하자. 자세는 더욱이나 의식하며 노력하지 않으면 바로 무너질 수 있다. 만약 이미 통증이 있거나, 자세를 유지하기 어렵다면 시중에 판매되는 허리를 편하게 해주는 의자나 휴대용 허리 지지대 등을 활용해보는 것도 도움이 될 것이다.

## 5장

# 시험형 인간의 한 달 전략

"합격의 기회는 시험 한 달 전에
다시 한 번 찾아온다"

# 시험 한 달 전 전략은 달라야 한다

실제로 시험 한 달 전 전략을 효율적으로 세우고,
이를 해낸다면 누구나 한 번에 합격할 수 있다.

수험 생활의 최종 목표는 시험 문제를 잘 풀어 남들보다 고득점을 얻는 것이다. 그러기 위해서는 시험을 보기 직전에 기억하고 있는 내용이 최대한 많아야 하고, 그 기억들을 문제 푸는 데 정확히 활용할 수 있어야 한다.

우리는 수험 기간의 대부분을 시험 과목을 이해하고 외우는, 즉 머리에 공부한 내용을 새기는 과정을 통해 내용을 숙지하는 데 사용했다. 다시 말하면 한 과목의 광범위한 내용을 이해하고 반복하는 데 수험 기간의 대부분을 쓴 것이다. 하지만 아무리 열심히 공부해도 공부한 지 한 달이 넘어가는 내용들은 거의 생각나지 않는다. 몇 달 전에 봤던 문제인데 답이 헷갈리고, 서술형 문제에 어떻게 답을 써야 하는지 망설여진다. 결국 시험 직전에 내 머릿속에 남아 있는 것만이 득점으로 이어지는 것이다.

## 득점에 유리한 전략을 세워라

나는 공인중개사 시험을 3개월 동안 공부했다. 그것도 직장을 다니면서 공부했다. 1차, 2차 시험 과목이 6개이고, 전반적인 양을 고려했을 때, 3개월은 턱없이 부족한 시간이었다. '내년에 다시 준비해야 하나' 하는 생각도 여러 번 했다. 그래도 포기하지 않고 '시험 합격', '정답 찾기'에 주력하며 전략을 짰다. 자세한 내용을 모두 이해하는 공부보다 반드시 알아야 하는 부분을 위주로 암기했고, 공부보다 '정답을 찾는 연습'을 했다. 그 결과 평균 60점을 넘어야 합격하는 시험에서 62.5점으로 합격할 수 있었다. 시험 전 전략, 즉 득점에 적합한 공부를 한 것이다. 이처럼 득점에 적합한 공부를 위해 필요한 것은 다음 세 가지다. 이번 장에서는 이 세 가지에 초점을 맞추어 내용을 구성하였다.

- 첫째, 직전에 최대한 많은 내용을 기억하기

- 둘째, 머릿속에 저장한 내용을 시험장에서 잘 활용하기

- 셋째, 시험장에서 실수하지 않기

시험을 보기 한 달 전은 그 어느 시기보다 중요하다. 많은 수험생이 전체 수험 기간과 시험 전 한 달을 같은 전략으로 공부한다. 또 안정적으로 합격할 수 있는 점수권의 수험생들은 모두 열심히 하는 기간이기도 하다. 그들보다 조금 더 앞서나가기 위한 차별화가 필요하다.

## 시험 보기 전 필요한 짐을 상상하라

해외여행을 가는데 여권이 없거나 추운 지역을 여행하는데 반팔, 반바지만 챙겼다면 어떨까? 당연히 제대로 여행을 갈 수 없다. 시험도 마찬가지다. 시험을 제대로 보기 위해서는 어떤 것들이 필요한지 생각해보고 미리 짐을 싸는 연습을 해야 한다. 그래서 나는 시험 한 달 전 공부를 '시험장에 가져갈 짐을 쌀 준비를 하는 것'이라고 생각한다. 시험이라는 여행을 보람차게 즐기기 위해서 미리 짐을 잘 싸는 연습을 하는 것이다.

문제풀이에 필요한 내용을 머릿속에 정확하게 챙겼는지가 가장 핵심이 될 것이다. 따라서 공부할 범위를 넓히거나 새로운 문제집을 추가로 풀어보는 것보다 기존에 정리한 노트와 문제집을 반복하는 것이 더 효율적인 방법이다.

## 매시간 목표를 달성하면 무조건 합격한다

시험 직전이 되면, '내가 시험을 잘 볼 수 있을까?', '내가 모르는 내용이 나오면 어쩌지?' 하는 불안감이 든다. 시험을 잘 볼 수 있을지 시험에 무엇이 나올지는 아무도 모른다. 즉, 시험 문제에 대한 불안감 자체를 없앨 방법은 없다는 것이다. 또 시험이 임박할수록 그간의 공부가 부족했다는 생각이 들면서 포기하고 싶은 기분은 커져만 갈 것이다.

이렇게 포기하고 싶을수록 우리는 더욱 눈앞의 목표에 집중해야 한다. 오늘 하루의 목표가, 오전과 오후의 목표가, 지금 눈앞의 1시간의 목표가 흔들리지 않도록 집중해야 한다. 만약 마음잡기가 어렵다면, 매시간 단위로 계획을 세워 실천해보자. 지금 눈앞의 1시간 동안 이룰 목표를 세우고, 이를 이뤄내는 데만 집중하자. 그리고 이렇게 생각하자. "매시간 단위로 세운 목표를 달성하면 합격한다."

실제로 시험 한 달 전 전략을 효율적으로 세우고, 그 전략에 기반한 목표를 달성한다면 누구나 반드시 한 번에 합격할 수 있다. 이 장은 그 기적을 만들 시험 한 달 전 전략에 대한 것들이다.

# 극한의 효율을 앞세우는
# 한 달 전략의 모든 것

시험 한 달 전부터는 더 세게 강약을 줘야 한다.
시험은 '아는 내용을 반드시 맞히는 것'이 우선이다.

행정고시를 볼 때 겪었던 일이다. 이유를 알 수 없는 병 아닌 병을 얻었다. 어느 날 도서관 열람실에 앉았는데 눈에서 계속 눈물이 났고, 쓰러져 자고만 싶었다. 일단 엎드려 두 시간 정도를 자봤지만 회복되지 않았다. 계속 눈물이 났다. 병원에 가보아도 소용이 없었다. 특별히 열이 나거나, 어디가 아픈 것도 아니다 보니, 안정을 취하라는 말뿐, 해결책을 얻을 수 없었다. 일단 책상에만 앉으면 잠이 쏟아지고 눈물이 나서 집에 가서 잠을 자기로 했다. 계속 잠을 잤다. 수험생이, 그것도 시험을 한 달 남긴 시점에서 며칠째 쉰다는 것은 정말 엄청나게 불안한 일이었다. 하지만 도저히 책상에 앉아 있을 수 없었고, 그렇게 밥만 먹고 잠만 자는 생활을 일주일 정도 더 했던 것 같다. 그러자 몸 상태가 조금씩 좋아졌고, 아픈 지 열흘째 되는 날 나는 다시 도서관에 나갈 수 있었다. 결국 컨디션이 정상으로 돌아오기까지 2주가 걸렸고, 나는 행정고시를 한 달 앞둔 시점에 2주를 앓고 말았다. 이 얘기를 하면 모두 내가 그해 행정고시에 떨어졌을 거라고 생각한다. 하지만 나는 합격했다. 시험 전 남은 2주를 아주 효율적으로 활용했기 때문이다. 나는 이 경험을 살려 모두가 시험 전 한 달 전략을 세울 수 있도록 여러 팁들을 주고자 한다.

## 공부에 강약을 더하라

먼저, 더 냉정하게 강약을 주어야 한다. 계획에 맞추어 기본서, 문제집, 모의고사 등을 공부한 사람이라면 시험에 자주 나오는 내용과 비중이 떨어지는 내용이 무엇인지 어느 정도 감이 왔을 것이다. 시험은 '아는 내용을 반드시 맞히는 것'이 우선이다. 시험에 잘 나오는 것 위주로 더 자주 반복하자. 낮은 확률로 나올지도 모르는 내용은 슬쩍 보고 넘어가도 된다. 혹시나 하는 마음에 다 보고 싶어지지만 가장 중요한 것은 나올 만한 내용을 확실히 알고 가서 틀리지 않는 것이다. 공부에 강약을 확실하게 두자.

## 지금도 이해가 안 되는 것은 외워라

공무원, 자격증 시험 과목들은 대부분 대학에서 배우는 전문적인 내용인 경우가 많다. 행정학, 경제학의 경우 대학교 1~4학년 동안 배우는 내용을 모두 물어보는데, 여러 시험 과목을 1~2년이라는 짧은 시간 안에 내용 하나하나 모두 이해한다는 것은 현실적으로 어렵다. 현실의 제약조건은 받아들여야 한다. 시험공부 초반에는 어느 정도 개념 이해를 위해 시간을 투자할 필요가 있다. 하지만 시험 직전에 더 이상 이해해보려는 노력은 하지 마라. 공부한 내용을 다 외워 가려는 노력을 하기에도 시간이 부족하다. 시험 한 달 전까지 이해가 되지 않았다면 그 자체로 외우는 것이 효율적이다. 이해해보겠다고 도서관에서 자료를 찾아보고 여기저기 물어본다면 정말 소중한 시간을 낭비하는 셈이다.

## 공부 시간을 늘려라

이제 시험 전까지 최대로 공부량을 끌어올려야 한다. 기존에 계획한 대로 공부했다면, 이미 공부할 수 있는 시간을 거의 최대치로 하고 있었을 것이다. 그렇다고 수면을 줄여가면서까지 시간을 늘리는 것은 좋지 않다. 무조건 공부 시간을 늘리기보다 자투리 시간을 아끼는 방식으로 공부를 해야 한다. 공부하는 동선을 잘 관리해서 이동하는 시간을 줄이거나, 이동 시간에 볼 수 있는 작은 암기장을 준비해라. 한 달 동안은 밥 먹으면서 공부해도 좋다. SNS나 유튜브를 하는 시간을 줄이자. 한 달만 참자. 합격 후 신나게 할 그날을 위해.

## 공부 범위 확정하기

시험 한 달 전부터는 더 이상 공부 범위를 늘리는 것을 조심해야 한다. 마지막 1개월은 지금까지 본 기본서, 문제집, 요약노트 등을 반복하고 정리하면서 암기를 해야 하는 기간이다. 유인하게 새로운 것을 본다면 모의고사와 최근에 나온 유사 시험들의 기출문제가 될 것이다. 핵심 정리 강의, 족집게 강의 등 시험 직전을 타깃한 여러 강의가 개설되나 큰 도움을 받기 어려울 가능성이 크다. 나의 경험으로는 그런 강의가 도움이 된 적도 있고, 없었던 적도 있어서 단정적으로 말하기는 어렵지만, 확실한 것은 더 이상 늘리지 않고 기존에 공부한 것을 반복하는 것이 기본이 되어야 고득점으로 갈 수 있다는 것이다.

## 편식하지 말기

시험은 전 과목을 잘 봐야 하므로 약한 파트도 열심히 봐야 한다. 예를 들어 다섯 과목을 보는 경우, 네 과목을 100점 받아도 남은 한 과목이 10점이라면 합격하기는 어렵다. 전 과목에서 균형 있게 점수를 받을 수 있어야 한다. 그러기 위해서는 편식하지 않는 자세가 필요하다. 특히 시험 막판에는 더욱 그렇다. 약한 파트, 하기 싫은 파트를 미루어두었다면 막판에는 반드시 정리하자. 하기 싫어서 미루어둔 만큼 아마 공부를 하기 싫을 것이다. 하기 싫은 공부를 미루지 않기 위해 오전에 배치하는 것이 좋다. 저녁에 배치해두면 다음 날로 미루어버리기 쉽다. 오전에 공부해서 어떻게든 그날 해보는 연습을 하자. 그리고 하기 싫은 공부일수록 잘게 나누어 공부해라. 목표를 작게 정해서 짧은 텀으로 공부할 것을 추천한다. 공부 시간 25분, 휴식 시간 5분처럼 짧은 텀으로 학습하자. 이를 포모도로 기법이라고 한다.

포모도로 기법은 25분간 일한 후 5분간 휴식하는 것이 작업에 최적이라는 생각을 바탕으로 1980년대 후반 프란체스코 시릴로가 개발한 생산성 향상 기법이다. 포모도로 기법이 학습에 효과가 있는 이유는 초두효과와 최신효과 덕분이다. 초두효과는 공부 시간, 수업, 발표 그리고 사회적 상호작용 초반에 습득한 내용을 더 잘 기억하는 현상을 말하고, 최신효과는 마지막에 학습한 내용이 더 잘 기억되는 현상을 말한다. 초반과 후반에 집중이 잘되고, 중간 시간은 읽은 내용을 소화하거나 생각할 틈이 없어 학습의 사각지대가 된다고 한다. 중간 시간을 줄이는 방법이 포모도로 기법인 것이다. 실제 25분 텀으로 공부해보면 조금 더 효율적임을 느낄 수 있을 것이다.

## 한 달 동안 과목별로 3번 반복하라

문제풀이보다 반복에 조금 더 초점을 맞춰 공부한다. 미국 워싱턴 대학교 심리학과에서 한 실험이다. 학생들을 나누어 한 그룹은 공부-재공부 조건(학생들에게 먼저 공부하게 한 다음 같은 내용을 다시 공부하게 함)으로 공부하게 하고, 다른 그룹은 공부-테스트 조건(먼저 공부하고 시험을 봄)으로 공부하게 하였다. 학습 종료 5분 뒤 기억력 테스트를 해보니 공부-재공부 조건에서 많은 내용을 기억하였다고 한다. 그런데 일주일 뒤 다시 테스트를 해보니 공부-테스트 조건에서 많은 내용을 기억하였다고 한다. 여기에서 알 수 있는 것은 장기기억을 위해서는 테스트가 유리하고, 수일 내 시험을 보아야 하는 경우에는 공부를 반복하는 것이 유리하다는 것이다. 시험 날에 가까워질수록 장기기억보다는 단기기억을 사용하여야 한다. 그러기 위해서는 자주 반복하는 것이 좋다.

시험 직전 한 달 동안 각 과목별로 세 번 정도 반복하는 것을 원칙으로 하자. 시험 한 달 전부터 3주 동안 한 번, 시험 1주 전부터 시험 전전날까지 한 번, 시험 전날 한 번 보는 것이다. 기간이 줄어들수록 보는 깊이와 자세함은 달라지겠지만, 내용이 익숙해질수록 반복의 속도도 올라갈 것이다.


## 단순하게 정리해라

시험 한 달 전부터 3주 동안에는 각 과목별로 봤던 기본서,

문제집 등을 꼼꼼하고 빠르게 훑는 기간이다. 아마 이번이 전체를 꼼꼼하게 보는 마지막 기회가 될 것이다. 이때 핵심어를 중심으로 정리해보자. 꼭 기억해야 할 공식, 잘 외워지지 않는 부분, 외워야 할 숫자, 개념 등을 간단히 정리하자. 문제집에서는 표시해둔 중요한 보기와 틀렸던 문제를 위주로 정리한다.

## 무한 반복의 시작

한 달 동안 세 번 더 보는 것을 목표로 하되, 가급적 많이 보자. 예를 들어 '처음 계획한 대로 전체 공부 기간 동안 7회독을 했으니 이제 그만 봐도 되겠지?' 하는 생각을 할 수도 있다. 그러나 계획한 만큼 봤다고 시험 합격이 보장되는 것은 아니다. 과목에 따라 더 반복할 수 있으면 최대한 많이 반복하여 보는 것이 좋다. 조금의 시간이라도 있다면 열 번이든 스무 번이든 보는 것이 좋다. 자주 볼수록 한번에 전체를 보는 시간도 단축된다. 내가 가장 많이 본 것은 약 24번 정도였다. 20번 정도를 넘어가면 거의 모든 내용이 책 어디에 있는지 기억이 난다. 버스 탈 때, 자기 전에, 밥먹을 때 등 조금이라도 시간이 생기면 자주 보자.

# 시험 직전
# 최후의 암기 비법

시험은 암기력에서 당락이 결정된다.
핵심을 짚어 '아무튼 암기'하자.

시험의 귀결은 암기다. 기억이 안 나면 문제를 풀 수가 없다. 반면, 이해를 못해도 기억이 나면 문제는 풀 수 있다. 그래서 마지막에는 깊이 있는 실력보다 얕은 암기가 더욱 필요하다. 그래서 나도 마지막에는 '아무튼 암기'라고 생각하며 마무리한다.

# 시험은 암기력에서 당락이 결정된다

수험 기간 초반에 기본서를 읽으며 이해하려고 노력하는 이유는 체계적으로 암기를 하기 위해서다. 잘 모르는 내용은 암기하기가 어렵다. 과목의 흐름을 알아야 각각의 내용들이 연결되면서 '하나를 보면 열이 생각나는' 암기가 되는 것이다. 나의 경험상 그 어떠한 시험도 결국 마지막에는 암기였다. 수학, 경제학과 같이 수식과 도표가 있고 응용문제가 나오는 과목도 문제 유형과 풀이 방법을 암기해야 했다.

암기는 공부한 내용을 기억이라는 창고에 차곡차곡 정리해서 넣어두는 것이다. 공부한 내용이라는 '물질'은 휘발성이 있어서 어딘가에 잘 담아두어야 하고, 찾기 쉽게 잘 정리해둬야 필요할 때 정확히 꺼내 쓸 수가 있다. 마지막 암기는 창고에 저장하는 과정이라고 생각하면 된다. 과목의 목차에 맞추어 핵심만을 짚어서 암기해야 기억의 창고 안에 많은 내용을 보관할 수 있고, 문제를 보았을 때 찾아서 꺼내 쓸 수 있다. 따라서 필요한 핵심어 위주로 정리하자.

# 객관식은 키워드 암기장으로 해결해라

기본서, 요약서, 진도별 문제집 등 기존에 본 책들 중에서 자신이 주력해서 본 책을 다시 읽어보며 암기장을 만든다. 암기장과 요약노트는 다르다. 요약노트는 기본서를 대신할 수 있을 정도로 그 과목의 내용 전체를 줄여서 적은 것이다. 반면 암기장에는 시험에 필요한 내용 중 외우지 못한 부분이나 확실히 암기해야만 답을 찾을 수 있는 핵심어, 공식, 연도, 숫자, 날짜 등만을 간략하게 적어둔다. 암기장은 큰 단원 정도는 구분해놓되, 그 단락 안의 내용은 순서와 관계없이 간략하게 적는다. 단원 정도로 구분해놓아도 정리하는 데 문제없다. 암기장은 가지고 다니기 편하게 손에 잡힐 정도의 크기(A4 절반 정도)의 노트를 사용한다. 처음 암기장을 만들 때는 위아래, 좌우 여백을 많이 두는 것이 좋다. 너무 빡빡하게 적으면 읽을 때 답답하고 눈이 아플 수 있고, 나중에 추가로 정리한 내용을 적어 넣을 공간도 부족하다.

필기는 간단하게 하는 것이 좋다. 예를 들어 부동산세법 과목이라면 '물납: 재산세', '분할납부: 재산세(250 초과, 2개월), 종부세(250, 6개월), 양도세(1천, 2개월)'과 같이 내가 알아볼 수 있을 정도로만 간략하게 적는다. 위 필기 내용은 물납을 할 수 있는 대상 세목은 재산세이고, 분할납부는 재산세, 종합부동산세,

양도소득세가 가능한데, 재산세는 250만 원 초과 시 분할납부가 가능하며, 분할납부 기간은 2개월 이내라는 의미다. 처음 보는 사람은 이러한 필기 내용이 너무 간략해 보일 수 있겠지만, 시험을 보기 직전인 사람들은 이미 과목의 흐름을 알고 있으므로 이 정도 내용만 시험장에 가지고 가도 객관식 시험문제를 푸는 데 지장없다.

## 두문자의 사용

외울 내용이 여러 개가 한 세트라면 두문자(첫머리에 오는 글자)를 쓰기도 한다. 꼭 앞 글자가 아니더라도 포인트가 될 만한 한 글자를 따서 몇 글자를 한 번에 외우면 암기가 편해진다. 예를 들어 부동산 공법 과목에서 국토부장관, 시·도지사, 시장·군수·구청장이 ① **개**발행위허가의 취소, ② **도**시·군계획시설사업의 시행자 지정·취소, ③ **실**시계획인가의 취소 처분을 하고자 하는 경우에는 청문을 거쳐야 하는데, 이때 앞 글자를 따서 '개도실은 청문 거침'이라고 외우는 것이다.

특히 큰 논리 없이 시실관세 자체를 외워야 하는 경우에 두문자를 활용하는 것은 암기에 도움이 된다. 하지만 공부 초기부터 두문자를 많이 만들어 외우면, 외운 두문자 자체가 헷갈릴 수 있다. 말 그대로 두문자를 다시 암기해야 하는 상황이 발생할 수도 있는 것이다. 그래서 막판에는 정말 외워지지 않는 것만 두문자를 활용했다. 두문자에 재미있는 스토리나 특이한 것과 연관시켜서 암기하는 것도 좋다. 즉, 잘 외워지기만 한다면 어떤 방법이든 상관없다. 우리의 목표는 시험을 볼 때 그 내용이 기억나게 하면 되는 것이기 때문이다. 예를 들어 회계학에서 차변은 계정계좌의 왼쪽을, 대변은 오른쪽을 가리키는 말인데 이를 그냥 기억하기 쉽게 '참왼대오(차왼대오)'라고 외우는 것이다. 그러면서 늘 참외를 떠올린다.

1933년 독일의 심리학자 헤트비히 폰 레스토르프는 무엇이 대상을 기억에 남겨지게 하는지 확인하기 위해 몇 가지 실험을 했다고 한다. 그녀가 내린 결론은 회상을 위한 강력한 기준 중 하나가 개성이라는 것이었다. 혼자만 다른 모양, 크기, 색깔을 지니고 있거나 그 외에 튀는 특징이 있어 눈에 잘 띈다면 더 쉽게 기억에 남을 수 있다. 예를 들어 랜턴, 물고기, 시계, 꽃, 별, 조니 뎁, 자동차, 목걸이, 가방, 망치, 숟가락으로 된 목록에서 눈에 띄는 항목은 단연 '조니 뎁'이다. 그가 유명인이어서가 아니라 사물만 있는 목록에서 유일한 사람이기 때문이다. 잘 외워지지 않는 부분이 있다면 무조건 튀게 만들어라. 예를 들어, 행정학에서 '애

플비'라는 학자가 있다. 애플비라는 학자를 보며 늘 파인애플펜
PPAP: Pen-Pineapple-Apple-Pen 아저씨를 떠올린다. 특이한 것과 연관만 시
켜놓아도 이후 암기에 도움이 되니 암기가 잘 안 되는 것은 튀어
보이게 만들어라.

## 적거나, 줄 치거나, 소리 내서 읽어라

막판까지 갔으면 공부가 지겨워지기도 하고, 체력도 많이 떨
어진 상태라 집중력이 쉽게 오르지 않는다. 이때는 읽어도 머릿
속에 잘 들어오지 않는다. 그냥 읽기만 하는 것보다 적거나, 줄
을 치며 보는 것이 효과적이다. 특히 암기장을 만들 때 일부 수
험생들은 이를 만드는 데에 지나치게 집중하기도 하는데, 암기
장은 예쁘게 만들어 다른 사람에게 보여주기 위한 것이 아니다.
외우기 위해 만드는 것이다. 바로바로 적으며 외울 수 있도록 암
기장을 만들면서 눈으로는 몇 번을 반복해서 보아야 한다.

잘 외워지지 않는 단어는 연필로 여러 번 반복해서 동그라미
를 치거나 밑줄을 치며 보는 것도 좋다. 손으로 체크하며 보면
중요한 내용을 빠뜨리지 않고 상기시킬 수 있다. 그리고 자주 동
그라미를 쳐서 새까매진 부분은 시험 직전에 다시 확인할 때 좀

더 주의 깊게 볼 수 있을 것이다. 도서관 같은 곳만 아니라면, 조용히 혼자 읊조리며 외우는 것도 암기를 하는 데 효과적이다.

## 주관식의 경우 문제풀이 방법을 외워라

문제를 푸는 방법을 암기해야 하는 경우도 있다. 왜냐하면 빨리 풀기 위해서이다. 서술형 주관식은 직접 작성해야 하므로 어떤 목차로 작성할 것인지도 암기를 해두어야 한다. 미국회계사 시험 과목 중에는 서술형 주관식으로 문제가 출제되는 과목이 있다. A4 반 페이지 정도를 영어로 작성해야 하므로 우리나라 수험생들은 다들 부담스러워 한다. 하지만 서술형 주관식 문제가 그 과목에서 비중이 낮아 거기에 많은 시간을 투자하기에는 현실적으로 어려움이 있었다. 그래서 나는 풀이 방법을 외워서 갔다.

답안의 첫 두 줄은 해당 문제가 묻고자 하는 질문의 요지를 적는다. 그다음에는 문제와 관련된 개념을 설명한다(시험에 나올 만한 개념들을 사전에 암기한다. 잘 모르는 개념이 나오면 외운 것 중 비슷한 것으로 판단되는 것과 유사하게 풀어 쓴다). 그다음에는 문제에서 물어본 것을 적는다(아는 부분이면 아는 것을 적고, 모르는 문제라면 상식선에서 답한다). 그리고 마지막에는 좋은 말로 마무리

한다. 이런 풀이 방식으로 출제된 세 문제를 다 비슷하게 적었다. 서술형 주관식을 어떻게 쓸지 고민하는 시간을 줄였다는 것만으로도 투자한 시간 대비 성과는 있었다.

# 실수를 줄이는
# 디테일한 한 끗

실수로 틀린 문제가 불합격을 만든다.
한두 개의 실수가 시험의 당락을 결정짓게 두지 마라.


시험장에서 느끼는 3대 '했는데'가 있다.


"저 부분 보고 들어갔어야 했는데…."
"문제를 정확하게 봤어야 했는데…."
"힘들어도 한 번 더 보고 외웠어야 했는데…."


수십 번의 시험에 응시하고 채점을 하면서, 내가 입에 달고

살던 말들이다. 전혀 공부하지 않았던 내용에서 출제된 문제를 틀렸을 때는 하나도 아쉽지 않다. 어차피 틀릴 수밖에 없는 문제이기 때문이다. 그러나 공부한 내용인데 정확하게 기억이 안 나서, 문제를 잘못 읽어서, 문제 의도를 왜곡해서 틀리는 경우는 생각보다 그 충격이 오래간다. 또한 이처럼 실수로 틀린 문제들의 경우 다수의 경쟁자는 맞혔을 가능성이 높기 때문에 실제 결과에 영향을 미쳐 더 문제가 된다.

## 실수를 지배하는 자가 합격한다

9급 공무원 시험의 경우 총 100문제를 푼다. 다른 시험도 수십, 수백 개에 달하는 문제를 제한 시간 내에 긴장한 상태로 풀어야 한다. 그 말인즉, 시험 보는 날 한두 개의 실수는 나올 수밖에 없다는 뜻이다.

그런데 억울하게도 이 한두 개의 실수가 시험의 당락을 결정하는 경우가 많다. 왜냐하면 합격 커트라인 근처의 점수를 받는 수험생들이 많기 때문이다. 상대평가 시험의 경우 대부분 최빈값(자료분포 중에서 가장 빈번히 관찰된 최다도수를 갖는 자료값)에서 커트라인이 정해지는 경향이 있다. 행정고시 2차 시험에서도 커트라인 ±2점 사이에 수십 명의 응시생들이 있다고 한다. 그리고 수험생들이 공부한 방식은 대부분 비슷하다. 가장 인기 있는 강사의 수업을 듣고, 가장 많이 보는 기본서와 문제집을 보았으며, 같은 전국 모의고사를 보았다. 보통 시험을 보는 사람들의 연령대도 비슷하다. 열심히 시험을 준비한 사람들은 대부분 실력이 비슷해진다. 그러다 보니 점수대가 비슷할 수밖에 없다. 그래서 한두 문제에서 실수하지 않는 것이 중요하다.

## 계속 떨어진다는 건 아쉽게 공부했단 뜻이다

내가 고시 공부할 때 들은 이야기다. 행정고시 2차 시험에서 평균점수로는 상당히 높은 점수를 받았는데, 한 과목이 과락점수(행정고시에서는 시험 과목 중 한 과목이라도 40점 미만을 받으면, 전체 점수와 관계없이 무조건 탈락함)가 나와서 안타깝게 떨어진 분이 있다는 것이다. 객관식에서는 괜찮은 점수를 받았으나, 채점자의 주관이 반영되는 주관식에서 예상보다 낮은 점수를 받았다고 했다. 운이 매우 안 좋은 사례였고, 그는 이듬해 시험에 수석으로 합격했다.

이처럼 시험을 보다 보면 공부를 충분히 해도 운이 안 좋아서, 시험 당일 컨디션이 안 좋아서, 또는 예상과 다른 문제가 출제되어 아깝게 떨어지는 경우가 있다. 그런데 이런 변수들로 계속 떨어지는 사람은 드물다. 즉, 열심히 공부한 사람들은 한 번은 운이 나빠 떨어질 수 있지만, 다음번에는 붙을 가능성이 높다.

하지만 주변을 보면 몇 년째 아깝게 떨어지는 사람들이 있다. 이것은 운이 아니다. 작은 점수 차이로 반복해서 떨어진다는 것은 합격선을 넘는 전략을 세우지 못했기 때문이다. 몇 년 동안 안타깝게 떨어지고 있었다면 그간 시험 범위는 모두 공부했을 것이다. 그럼에도 계속 탈락하는 수험생들은 오래 공부해서 아는 것은 많지만, ① 핵심적인 내용을 제대로 정리해서 시험장에 가져가지 못하거나, ② 실제 시험을 볼 때 실수가 나오는 경우가 많다.

## 모두가 맞히는 문제부터 잡아라

몇 년간 공부한 수험생들은 쉽고 기본적인 내용들은 안다고 생각해 시험 직전에 제대로 확인하지 않는 경향이 있다. 출제자들은 보는 문제를 지엽적인 부분에서 출제하지도 않고, 난이도가 높은 곳에서 출제하지도 않는다. 오히려 기본적인 문제, 쉬운 문제도 상당수 출제한다. 대부분의 시험은 어떤 문제든 배점이 동일하거나 비슷하다. 이처럼 쉬운 문제와 어려운 문제의 배점이 같고 기본 개념의 출제 비중이 더 높다면, 기본적이고 쉬운 문제를 모두 맞히는 것에 집중해야 한다. 기본 개념이기에 이해도도 높고, 출제 비중이 높아 더 많은 득점을 할 수 있다. 이처럼 시험에서 좋은 성적을 받으려면 쉬운 문제, 자주 출제되는 파트에서 나온 문제는 절대 틀리지 않도록 실수를 없애야 한다. 보통 수험생들은 기본적으로 보아야 하는 부분에서도 일부 틀리기 때문에 그것만 다 맞힐 수 있어도 합격권에 상당히 가까워진다.

## 실수를 줄이는 기출 오답 정리법

아는 문제를 틀린다면 그보다 안타까운 일이 없다. 이처럼 아깝게 떨어지지 않으려면 문제풀이의 실수를 줄여야 한다. 우리의 오답 패턴을 한 번 살펴보자. 먼저, 객관식 시험을 볼 때 '틀린 것'을 찾는 문제에서 '옳은 것'을 찾아 틀리는 경우가 있다. 또 내가 공부한 부분에서 나온 문제라고 착각해 지문을 제대로 읽지 않은 상태에서 문제를 풀어 틀리는 경우도 있다. 심지어는 제대로 풀었으나 답안지에 마킹하는 과정에서 실수하기도 한다.

이런 실수를 줄이려면 내가 어떤 실수를 잘하는지, 내가 어떤 개념을 헷갈려 하는지 정확하게 파악해서 막판에 잘 보완해야 한다. 이를 위해 마지막에 모의고사를 치르거나 혼자 문제를 풀며 연습을 할 때는 늘 '자가진단'을 해야 한다. 자가진단을 하는 방법은 다음 〈표〉로 정리해두었다.

문제를 풀었더라도 잘 모르는 보기가 있었다면, 보완해둘 필요가 있다. 모의고사에서 찍어서 득점한 것은 실제 시험에서도 잘 풀 수 있다는 보장이 없다. 어떤 부분이 잘 기억나지 않는지, 문제를 풀 때 뒤로 갈수록 시간이 부족한지 등을 잘 파악해서 이를 보완하는 연습을 해야 한다. 특히 시간 내에 문제를 푸는 것도 시험의 일부다. 매번 시간이 부족하다면 자신 있는 파트에서 시간을 줄이는 연습을 해야 한다. 시험 한 달 전부터는 다음의 자가진단표를 직접 써보며 어디가 부족한지 확인해보자. 분명 도움이 될 것이다.

기출문제 자가진단 예시

| | 부족했던 이유 | 체크 | 문번 | 자가진단 코멘트 |
|---|---|---|---|---|
| 맞힌 문항 | 몰랐던 선택지가 2개 이상 | ☐ | 16번 | ex) 예산의 원칙을 학습했으나, 예외에 대한 암기 부족 |
| | 찍어서 맞힘 | ☐ | 14번 | ex) 공무원 분류와 그 사례의 연결이 헷갈림 |
| 틀린 문항 | 전혀 모르는 내용 출제 | ☐ | 20번 | ex) 지능정보화 기본법 공부 필요 |
| | 학습했으나 기억나지 않음 | ☐ | | |
| | 발문, 선택지를 잘못 이해함 | ☐ | | |
| | 답안지 마킹 실수 | ☐ | | |
| | 시간 부족으로 풀지 못함 | ☐ | | |

# 모의고사 자가진단
# 활용법

모의고사를 풀어보는 것에서 끝나면 안 된다.
스스로 푼 문제를 평가하며 실력을 점검하자.

공무원 시험과 같이 수험생이 많은 시험의 경우 학원에서 전국 모의고사를 시행하기도 한다. 응시자가 많은 시험일수록 좋다. 모의고사는 시험공부의 마무리 시점에서 자신의 상태를 점검할 수 있는 효율적인 방법이다. 만약, 모의고사가 있다면 전 과목이 어느 정도 공부가 된 시점인 시험 2개월 전부터 서너 번 정도 보는 것이 좋다. 모든 모의고사에 응시할 필요도 없고, 너무 이른 시점에 볼 필요도 없다. 모의고사를 본 날은 피곤해서 다른 공부할 시간이 줄어들고, 모의고사 문제를 복습하는 데 많은 시간이 걸린다. 그리고 너무 많은 모의고사에 응시하면 마무리를 하는 단계에서 정리할 내용이 과도하게 많아질 수도 있다. 실력을 확인하고 시험 전 실전 연습을 해본다는 의미에서 몇 번 정도 응시하면 되겠다.

## 모의고사 점수와 실제 성적과의 상관관계

모의고사를 잘 보면 실제 시험도 잘 보는 것일까? 대체로 그렇다. 행정고시 2차 시험의 경우 강의 시작 전 한 시간 정도 진도별 모의고사를 보기도 하는데 진도별 모의고사에서 좋은 성적을 냈던 사람이 실제 시험에서도 성적이 좋은 편이었다. 다른 자격증 시험도 상황은 비슷하다. 그렇다고 모의고사 등수가 실제 시험과 그대로 이어지지는 않는다. 모의고사를 잘 보더라도 실제 시험에서 좋지 않은 결과를 얻기도 한다. 모의고사 성적은 다른 수험생들과 비교하여 자신의 위치가 어디에 있는지를 확인하는 정도의 의미라고 보면 된다. 다만 실제 시험에서 합격하려면 시험을 한 달 앞둔 모의고사에서 꾸준히 상위권을 유지하는 것이 좋다.

# 스스로 문제풀이를 평가해라

모의고사를 본 후 채점을 하고 점수만 확인해서는 의미가 없다. 내가 어떻게 시험을 보았는지를 확인해봐야 한다. 풀어본 모의고사 문제를 분류해보면 알고 맞힌 문제, 아는데 틀린 문제, 헷갈렸지만 간신히 맞힌 문제, 몰랐는데 넘겨짚어서 맞힌 문제, 완전히 생소하여 틀린 문제 등일 것이다. 이를 다음과 같이 〈표〉로 정리해보았다.

모의고사를 채점해보고 내가 풀었던 문제들이 어디에 해당되는지 살펴보자. 알고 맞힌 문제는 끝까지 그렇게 갈 수 있도록

모의고사 문제 평가표

| 구분 | 맞힌 문제 | 틀린 문제 |
|------|-----------|-----------|
| 아는 것 | • 제대로 공부한 것<br>• 실전까지 감각 유지 필요 | • 실수로 틀린 것<br>• 실수의 원인을 파악할 것<br>• 동일한 실수가 없도록 오답 정리 |
| 모르는 것 | • 틀린 문제로 취급할 것<br>• 암기징에 별도 정리 | • 추가 공부 필요<br>• 오답율에 따라 학습 강노 구분<br>• 정답률이 높다면 출제 문제 전반적으로 추가 공부 진행 |

가볍게 자주 반복해서 공부한다. 아는데 틀린 문제는 다시는 그런 일이 없도록 자주 하는 실수가 무엇인지 확인해야 한다. 모르는 것은 추가로 공부해야 하는데, 다른 사람들은 얼마나 그 문제를 알고 풀었는지가 중요하다. 다른 사람도 잘 모르는 지엽적인 부분이라면 모의고사 출제자가 테스트로 출제하였을 가능성이 크다. 그런 것까지 시험 막판에 다 공부할 수는 없으니 '그런 문제도 있구나'라고 생각하며 넘겨야 한다. 그러나 다른 수험생들은 많이들 아는 내용인데 공부 중 놓친 것이라면, 그 문제가 출제된 부분을 전체적으로 다시 확인하여야 한다.

## 객관식이라면 마킹 연습도 병행하자

지인의 이야기다. 공인회계사 시험을 준비했던 지인은 공인회계사 1차 시험을 보고, 가채점 후 합격을 예상해 곧바로 2차 시험공부에 돌입했다. 그런데 1차 시험 결과 탈락이었다. 놀란 지인은 자신의 마킹 답안지를 확인하러 출제기관에 찾아갔다. 답안지를 확인해보니, 모르는 문제가 있어서 한 문제 마킹을 비워두었는데, 그것을 깜빡하고 다른 문제 답을 올려 쓰는 바람에 탈락한 것이었다. 당시 나이가 적지 않았던 그는 결국 다음 해 시험을 포기하고 진로를 바꾸게 되었다. 단 한 번의 마킹 실수가 그의 인생 최대의 변수로 작용한 것이다.

마킹 실수는 절대 해서는 안 된다. 마킹 시에는 눈을 번쩍 뜨고 '1번 답은 몇 번, 2번 답은 몇 번'이라고 속으로 되뇌며 하나씩 확인해가면서 마킹을 해야 실수가 없다. 그리고 컴퓨터용 사인펜으로 답안지를 마킹할 때는 번호가 쓰인 동그라미 안쪽을 완벽하게 칠하려고 애쓰지 않아도 된다. 4분의 3 정도만 마킹이 되어 있으면 컴퓨터가 인식할 수 있다. 마킹을 하는 순간은 특히 긴장해서 실수할 수 있으니 사전에 여러 번 연습을 해두자.

# 시험 D-7
# 일주일 안에 끝내는 폭발적 암기 전략

시험 일주일 전부터는
시험장에서 바로 쓸 수 있도록 미친 듯이 암기해야 한다.

한 달 전에 본 내용도 막상 시험장에서는 잘 기억나지 않는다. 그렇다면 시험장에서는 언제부터 본 내용이 기억에 남아 있을까?

- 시험 일주일 전 본 내용: 대부분 본 기억이 난다.
- 시험 3일 전 본 내용: 상당히 명확하게 기억이 난다.
- 시험 하루 전 본 내용: 단순 암기한 사항도 기억이 난다.

- 시험 당일 본 내용: 종이를 머리에 스캔한 것처럼 기억이 난다.

시험 전 일주일부터 본 것은 시험장에서 대부분 기억이 날 것이다. 그 전에 공부한 내용도 기억이 나겠지만, 시험을 볼 때 헷갈리는 내용이나 세세한 암기를 요하는 부분은 완전히 기억하기 어려울 수 있다. 그래서 시험 일주일 전은 '미친 듯이 암기'를 시작하기 좋은 시점이다.

## 암기 계획을 수립하라

시험 과목이 5과목 정도라고 하면, 시험 일주일 전 시점에서 각 과목별로 활용할 수 있는 시간은 기껏해야 하루이틀이다. 하루 만에 내용 정리를 다 해야 하므로 빠른 속도로 정리할 수 있어야 한다. 물론, 지금까지 정리한 내용을 기반으로 이미 여러 번 암기하려는 노력했기 때문에 하루 만에도 가능하다. 암기를 막판에 몰아서 하는 것이라고 생각하면 오산이다. 시험 일주일 전부터는 지금까지 암기해온 내용을 시험장에서 명확하게 끄집어낼 수 있도록 숙달시키는 기간이다. 지금까지 여러 번 보고 정리를 한 것이 하루에 한 과목을 다 보고 기억하기 위한 것이라 생각하면 된다.


## 객관식은 키워드를 위주로 반복하라

하나를 외웠을 때 열을 추론할 수 있는 방식으로 암기하자. 예를 들어 '네거티브 규제는 금지하는 것 이외 모두 가능(원칙 허용, 예외 금지)하고, 포지티브 규제는 할 수 있는 것으로 정한 것만 가능(원칙 금지, 예외 허용)하다'라는 이 문장에서 기억해야 할 것은 '네거티브 원칙 허용' 단 여덟 글자다. 이것만 정확하게 기억해도 나머지 내용을 모두 추론해볼 수 있다. 시험장에서 네거티브 규제가 원칙 허용인지 포지티브 규제가 원칙 허용인지가 헷갈릴 때 하나만 정확하게 기억해도 답을 구분해낼 수 있다. 몇 개의 단어라도 정확하게 기억하는 것이 중요하다. 특히, 객관식 시험의 경우 시험에 나올만한 지문, 내가 자주 틀린 지문은 체크해두었다가 이 시점에 한 번 다시 보는 것이 좋다. 사람은 기본적으로 문장보다 단어를 더 잘 기억한다. 따라서 암기장에 기록한 중요한 공식과 숫자들을 중심으로 정확하게, 줄여서, 추론이 가능한 방식으로 외우도록 하자.

# 주관식은 기본서를 반복하라

서술형 주관식은 그 과목에 대한 체계를 잡는 것이 중요하다. 페이지가 많아 다소 부담이 될 수도 있겠으나, 기본서를 빠르게 보는 것이 좋다. 강사가 지적하였거나 자신이 생각하였을 때 중요한 부분이라고 생각되는 부분은 좀 더 자세히 본다. 중요하지 않은 부분은 목차와 핵심 단어만 읽고 넘겨도 된다. 개별 문제 위주로 공부하는 것은 위험하다. 시험에서 과목당 서너 문제가 출제되는데 직전에 본 문제가 나오지 않는다면 당황하게 될 수밖에 없다. 마지막 단계에서도 전체 내용의 체계를 잡기 위해 기본서를 보는 것이 좋다. 시험에 나올 가능성은 적으나, 혹시나 나오지 않을까 의심이 되는 부분들은 개념 위주로 외워두고, 만약 시험에 나온다면 개념을 바탕으로 상식선에서 풀어주는 것이 좋다.

# 시험 D-1
## 실수를 줄이는 수험생 시나리오

**시험 전날에는 시험장에 가지고 갈 짐을 싸야 한다.**
**준비물뿐만 아니라 기억의 보따리도 확실히 챙기자.**

컴퓨터활용능력 실기시험을 볼 때 있었던 일이다. 두 번째 보는 실기시험(첫 시험은 탈락)이었는데, 별생각 없이 지난번과 고사장이 같을 거라 생각하고, 시험 전날 고사장을 제대로 확인하지 않았다. 첫 번째 시험을 본 고사장을 가서야 뭔가 이상함을 감지하였다. '아 시험을 포기할 것인가, 다시 시험장을 찾아갈 것인가' 잠시 갈등했다가 택시를 후다닥 잡아타고 시험장을 찾아갔다. 간신히 시간을 맞추어 갔지만, 숨이 가쁘고 정신이 없는 상태에서 시험이 시작되었다. 공부한 내용이 제대로 생각나지 않았고, 여러 문제를 풀다가 잘못된 것 같아 다시 풀기를 반복했다. 결과는 탈락이었다(결국 세 번 만에 합격했다). 시험 전날 장소를 제대로 확인하지 않은 탓에 괜히 시간과 노력을 낭비하게 되었다.

반면, 국제재무분석사 레벨1 시험의 경우 전날 정리한 것들이 다수 시험에 출제되었다. 문제를 보는 동안 줄곧 '이거 어제 정리한 건데!' 하는 생각이 났다. 공부를 적게 했음에도 불구하고 아주 기분 좋게 시험을 치를 수 있었고 결과도 합격이었다. 이처럼 시험 전날은 중요하다. 전날 어떻게 마무리하느냐에 따라 당락이 좌우될 수 있다.

## 확실히 가져갈 기억의 짐 싸기

시험 전날은 시험장에 가지고 갈 짐을 싸야 한다. 책가방도 싸야 하지만, 기억의 보따리도 싸야 한다. 기억의 보따리 안에는 한 과목에 대한 암기된 기억들이 잘 정리되어 있어야 한다. 시험 전날에는 6~8시간 정도 지금까지 정리한 암기장 등을 보며 마무리하자. 암기장을 보면서 잘 외워지지 않는 부분은 따로 종이에 적어두는 것도 좋다. 적으면 암기가 된다. 이때 적은 내용들은 전날에 정확하게 본 내용들이라 시험장에서 기억이 날 것이다. 잘 외워지지 않는 부분은 따로 적어두었다가 시험 시작 30분 전에 살펴보면 기억에 도움이 된다.

## 주위 연락 차단하기

시험 전날에는 친구들로부터 시험 잘 보라는 연락이 많이 온다. 고마운 친구들이지만 굳이 일일이 답을 할 필요는 없다. 대부분의 친구들은 바로 답을 주지 않는다고 섭섭해하지도 않는다. 그러니 친구들과 연락하는 데 시간을 빼앗기지 말고, 전날 저녁에는 핸드폰을 꺼두고 차분하게 마무리하자.

## 필요한 물건 챙기기

가지고 갈 필기구, 수험표, 신분증을 가방에 넣어두고 시험 장소, 교통편, 시험장까지 가는 데 걸리는 시간을 확인해두자. 반드시 시험 전날 미리 확인해야 한다. 특히 응시자 준수사항 공고

문을 꼭 읽어보자. 혹시 소지해서는 안 되는 물건 등 내가 확인하지 못했던 내용이 있을 수도 있다. 또, 시험 장소의 개방 시간, 시험장까지 가는 데에 걸리는 시간을 파악해 기상 시간과 출발 시간을 미리 정해두자. 시험 시작 1시간에서 1시간 30분 사이에 도착하는 것이 적당하다. 어느 정도 여유를 두고 도착해야 시험장 분위기에도 적응하고 30분에서 1시간 정도 마무리할 시간을 가질 수 있다. 필기구는 항상 넉넉하게 종류별로 2개 이상씩 준비하자. 시험장에 책을 많이 가져갈 필요는 없다. 어차피 볼 시간도 많지 않고, 아침부터 무거운 가방을 들고 가면 어깨만 아플 뿐이다. 암기장, 자신 없는 과목의 요약노트만 간단히 챙기자.

## 충분한 수면 취하기

시험 전날에는 잠을 충분히 자야 한다. 평소만큼 또는 평소보다 한두 시간 더 자는 것도 좋다. 시험공부를 더 하고 싶겠지만, 최상의 컨디션을 유지하는 것이 더 중요하다. 성적은 수험 기간 전체를 평가받는 것이다. 전날 하루 몇 시간 더 했다고 크게 달라지지 않는다. 6~8시간 정도 핵심 내용을 집중적으로 정리하는 것으로 충분하다. 시험 전날에는 오히려 내가 지금까지 공부한 내용을 실제 시험에서 잘 발휘할 수 있도록 해야 한다. 문제는 불안해서 잠이 잘 안 올 수 있다는 것이다. 그렇다고 시험 전날 수면제를 먹는 것은 위험하다. 익숙하지 않은 약을 사용하면, 어떤 부작용이 있을지 모르기 때문이다. 마음을 가라앉히고 불을 끄고 눈을 감아 명상하듯 집중해보자. 눕기 전에 따뜻한 물에 샤워를 하는 것도 좋다. 잠이 안 오더라도 그 상태로 아무 생각도 하지 않고 휴식을 취하자. 가만히 눈을 감고 누워 있는 것만으로도 어느 정도 수면과 비슷한 효과가 있다고 한다. 그리고 눈을 감고 있다 보면 잠이 오기도 한다.

## 익숙한 환경에서 마음 정리하기

가급적이면 내가 생활했던 환경과 동일한 곳에서 잠을 자고 아침에 이동하는 것이 좋다. 익숙한 환경에서 마무리해야 심적으로 안정이 된다. 따라서 시험 당일 아침 이동 시간을 줄이기 위해 시험장 주변에 숙소를 잡는 것은 추천하고 싶지 않다. 사람에 따라 잠을 자는 장소가 바뀌면 잠이 잘 오지 않기도 한다. 시험장이 1시간 이내의 거리라면 시험장 주변으로 가서 숙소를 잡을 필요는 없다. 물론 미국회계사 시험처럼 해외로 이동해 시험을 봐야 하는 경우, 또는 지방에 사는데 서울로 시험을 보러 와야 하는 경우 등 어쩔 수 없이 숙소를 잡고 시험을 준비해야 하는 경우도 있다. 그럴 때는 비즈니스호텔과 같이 공부하기 쾌적한 곳으로 선택하자. 가능하다면 시험 전날보다는 시험 이틀 전쯤부터 머물며 달라진 환경에 적응하는 시간을 갖는 것도 좋다.

# D-day
# 수험생이 잊지 말아야 할 5가지

**'다 된 밥에 재 뿌리는 일'이 없도록**
**시험 당일 어떻게 행동하는지 미리 파악하자.**

시험 당일 늦잠을 자거나, 시험 보는 도중 화장실에 가고 싶어진다면, '다 된 밥에 재 뿌리는 일'이 될 수 있다. 이처럼 시험 당일 어떤 일이 생길지 다양한 변수를 예상해보고 어떻게 행동해야 하는지 알아야 당황하지 않고 평정심을 유지한 상태에서 내 컨디션에 맞춰 시험을 볼 수 있다.

## 기상 시간을 확인하라

시험 시작 최소 3시간 전에는 일어나는 것이 좋다. 예를 들어 시험이 오전 10시에 시작된다면 아침 6시 30분에서 7시 정도에 일어나자. 뇌의 활동이 활발해지려면 기상 후 최소 두 시간은 걸리기 때문이다. 시험 당일에는 뇌의 활동이 활발해진 시점에 시험을 볼 수 있도록 기상 시간을 조정하는 것이 좋다. 더 적응을 잘하려면 시험 일주일 전부터 비슷하게 기상 시간을 조정하는 것도 좋다. 만약 시험이 오후라면 아주 일찍 일어날 필요는 없고 충분히 잠을 잔 후 일어나서 준비하면 된다.

## 시험 전 반드시 식사를 챙겨라

시험 시작 3시간 전에 아침식사를 한다. 아예 안 먹는 것보다 조금은 먹는 것이 좋다. 시험이 10시부터 시작된다면 7시경 식사를 하는 것이 좋다. 죽이나 밥처럼 속이 편하고 자극적이지 않은 음식을 먹자. 반찬으로는 비타민이 풍부한 채소, 단백질이 많은 계란, 견과류 등을 추천한다. 양은 평소의 절반 혹은 3분의 2 정도만 먹어 위장의 부담을 줄여주는 것이 좋다. 나는 뇌 활동을 활성화시킬 수 있도록 초콜릿과 같은 단 음식을 먹기도 했다. 자신의 체질과 성향에 맞추어 식사량을 조절하도록 하자. 반면, 시험 날이라고 하여 집중력을 높여주는 약이나 긴장을 풀어주는 약 등을 먹으면 갑자기 배탈이 나거나 잠이 오는 등의 부작용이 발생할 수 있으므로 평소에 먹지 않는 약은 삼가자. 우유 역시 자칫하면 긴장 상태에서 마셨다가 배탈이 날 수 있으니 당일에는 피하는 것이 좋으며, 사과 등 산도가 높은 과일도 아침에 먹으면 배가 아픈 경우가 있으니 주의하자. 또한 시험 볼 때 졸릴까 봐 카페인 함량이 높은 음료나 커피를 마시는 경우가 있는데, 카페인 성분으로 인해 심장 박동이 빨라지고 집중력이 저하될 수 있으니 주의하자.

## 수분 섭취량을 조절하라

시험 도중 소변이 마려우면 큰일이다. 따라서 시험 당일 아침 수분섭취량을 조절하는 것은 필수다. 응시하는 시험에 따라 시험 도중에 화장실에 가는 것을 금지하는 경우도 있으니 반드시 이러한 정보도 미리 알아두어야 한다. 화장실에 가는 것을 허용하더라도 웬만하면 시험 보는 중에 가는 것은 추천하지 않는다.

가뜩이나 문제를 풀 시간도 부족한데 시험 시간을 단 1분이라도 낭비하는 것은 바람직하지 않다. 그리고 화장실에 다녀오면 흐름이 깨져 다시 시험에 집중하는 데까지 시간이 걸린다.

수분 섭취는 시험 시작 2시간 전부터 하지 않는다. 아침 7시에 기상해 평소대로 물을 마신다. 기상 후에는 탈수된 상태에 가깝기 때문에 재빨리 수분을 보충해주면 뇌 기능을 원활하게 올릴 수 있다고 한다. 식사를 할 때는 평소대로 물을 마시면 된다. 8시 이후에는 가급적 물을 마시지 않고, 화장실만 간다. 화장실이 생각날 때마다 가면 10시부터 시험이 시작되어도 별로 화장실 가고 싶은 마음이 생기지 않는다. 긴장이 되어서 입이 바짝바짝 마르는 경우에는 입에 물을 머금다가 버려라. 나의 경험상 이렇게 4시간까지 화장실을 가지 않고 시험을 볼 수 있었다.

## 시험장 가는 길에 볼 암기노트를 준비하라

시험장에는 시험 시작까지 약 1시간 이상 여유 있게 도착하는 것이 가장 적당하다. 일반적으로 시험 시작 30분 전부터는 감독관이 들어와서 주의사항을 알려주고, 답안지와 시험지를 나누어준다. 감독관이 들어오기 전 30분에서 1시간 정도를 시험장에서 공부할 수 있도록 도착 시간을 조절하자. 너무 일찍 도착하면 시험장 문이 열려 있지 않은 경우가 있다. 일찍 가고자 하는 경우에는 입실 가능 시간을 먼저 확인하자. 시험 당일은 컨디션을 잘 유지하는 것이 우선이다. 가볍게 암기장을 보는 것은 좋으나 많이 흔들리는 버스 안에서 글자를 보면 눈이 피로해질 수 있으니 조심하자. 지하철에서는 비교적 글을 보기가 편하다. 긴장이 되는 경우에는 이동 중에 눈을 감고 있는 것도 좋다.

## 시험장을 향하는 교통비를 아끼지 마라

내가 국제재무분석사 레벨3 시험을 보러 갔을 때의 일이다. 시험장은 일산 킨텍스였는데, 당시 내가 살던 서울 대방동에서는 제법 먼 거리였다. 택시비를 계산해보니 약 35,000원 정도였다. 비싼 택시비에 대중교통을 이용할까 택시를 탈까 잠시 고민했지만, 택시를 선택했다. 택시비를 아끼기보다는 컨디션을 최상으로 유지하는 것이 더 중요하다고 판단했기 때문이다. 그리고 그날 시험의 결과는 합격이었다. 꼭 택시를 탄 덕분은 아니겠지만, 아주 미세한 차이로 합격한 것을 생각해보면 35,000원 쓰길 잘했다는 생각이 들었다. 비싼 택시비 등이 당일에는 아까울 수도 있다. 수험생에게는 결코 적은 돈이 아니니까. 하지만 나중에 시험 합격이라는 결과를 받으면 그날의 택시비는 크게 기억도 안 날 만큼 작은 돈으로 느껴질 것이다.

# 시험 시작 30분 전,
# 합격의 디테일을 잡는 법

시험 30분 전에 본 내용은 정확하게 기억난다.
점수를 끌어올릴 수 있는 골든타임을 놓치지 마라.

시험 시작 직전에 본 내용이 시험에 나온다면 정말 기분이 좋다. 실제로 나는 그런 경험을 여러 번 했다. '시험 30분 전에는 무엇을 보아야 할까?' '30분 전 무엇을 하면 시험장에서 실수를 줄일 수 있을까?' 매번 시험을 볼 때마다 고민을 했고, 나름대로 시험 전 30분 동안 해볼 수 있는 전략을 세웠다.

## 헷갈릴수록 단순하게 암기하라

시험 30분 전에는 암기장 등을 간략히 확인하는 것이 좋다. 숫자, 공식, 영단어 등 단순 암기 사항을 중심으로 확인하자. 특히 자신 있는 부분보다 헷갈리는 부분을 중점적으로 보는 것이 좋다. 이런 점을 고려해서 시험 전날에 미리 시험 30분 전에 볼 내용을 한두 페이지 정도로 정리해두면 좋다. 가장 추천하는 방법이다. 시험 30분 전에 본 내용은 카메라로 사진을 찍듯 머릿속에 정확하게 기억이 남는다. 이때가 공부가 부족한 부분에서 점수를 끌어올릴 수 있는 골든타임이니 놓치지 말자.

## 답안지를 받은 후

감독관이 입실한 후 답안지를 나눠주면 인적사항을 기입하고 제대로 작성하였는지를 반드시 확인해라. 시험 도중에 잘못된 것을 발견하면 당황할 수 있다. 인적사항을 꼼꼼히 기입하고 나면 시험 시작까지 약 10분쯤 남을 것이다. 이때는 책이든 노트든 아무것도 봐선 안 된다. 10분가량이라는 이 짧은 시간을 마음을 다스리는 기회로 이용하자. 나는 이때 눈을 감고 명상을 하면서 시험 시나리오를 떠올렸다.

## 당신을 지켜줄 시험 시나리오

대부분의 수험생들이 시험을 잘 봐야지 하면서 마음을 다잡지만, 어떻게 잘 볼 것인지에 대한 생각은 하지 않는다. 시험은 전략이다. 어떤 방식으로 보느냐에 따라 점수가 바뀐다. 시험을 보다 보면 답안지 마킹 시간이 부족해서 당황하는 경우도 있고, 시간 배분에 실패하는 경우도 있을 것이다. 시험을 치기 전에는 '난 잘 할 수 있어!'라고 다짐하겠지만, 막상 시험을 보면 내 마음 같지가 않다. 잘 모르는 문제가 나오면 바로 당황하게 되고, 머릿속이 하얗게 변한다. 그러다 보면 엉뚱한 것을 정답으로 찍는다. 나중에 시험이 끝나고 다시 문제를 보면 '왜 바보같이 저걸 답으로 했지? 나 진짜 바보인가?' 하는 생각을 하며 자책하게 된다. '틀린 것'을 '맞는 것'으로 잘못보고 문제를 풀어 틀린 적도 있을 것이다. 신기하게도 시험을 치르는 중에는 잘 보이지 않다가 시험이 끝나고 나면 잘못 읽은 것이 눈에 보인다. 극도로 긴장한 상태에서 시험을 보니 공부한 내용을 머릿속에서 꺼내 답을 쓰기도 바빠 실력을 제대로 발휘하지 못해 실수가 나오는 것이다.

이런 행동을 했다고 바보는 아니다. 나도 자주 그랬기 때문에, 결국 고민 끝에 시험 시나리오를 만들게 되었다. 시험 시나리오란 '어떻게 시험을 볼 것인가'에 대하여 구체적으로 계획을 세우는 것을 말한다. 시험 시나리오는 문제당 시간은 얼마나 배분해야 하는지, 한 문제를 푸는 데 시간이 길어지면 계속 풀어야 하는지 넘어가야 하는지, 답안지 마킹은 언제부터 해야 하는지 등 시험을 실제 볼 때 어떻게 행동해야 하는가에 대한 행동 지침이라고 할 수 있다. 시험을 볼 때 무엇이 문제였는지 떠올려보자. 수험생마다 시험을 볼 때 자주 하는 실수가 있다. 많은 사람들이 주로 저지르는 실수의 유형을 다음과 같이 〈표〉에 적어보았다.

**시험장에서 자주 범하는 실수 유형**

| 실수의 유형 | 문제점 |
|---|---|
| 가채점보다 실제 점수가 낮게 나온다 | 답안지 마킹 실수 |
| 시험 시간이 항상 부족하다 | 문제당 시간 안배 실패 |
| 틀린 것과 맞는 것을 반대로 본다 | 문제를 대충 읽는 습관 |
| 모르는 문제를 넘어갈 수 없다 | 문제당 시간 안배 실패 |
| 오전 시험을 망쳐 집중이 안 된다 | 집중력 훈련 필요 |

실수를 줄이기 위해서는 시험 시나리오를 상기하고 실수하지 않으려는 노력을 하는 수밖에 없다. 내가 어떤 실수를 자주 하는지 파악해보고, 시험을 볼 때 지켜야 하는 행동 지침을 간단히 적어 시험을 보기 전에 한번 상기시키고 시험을 본다면 공부한 내용이 점수로 이어지는 데 큰 도움이 될 것이다. 자신이 혼자서 문제를 풀거나 모의고사를 보면서 어떤 실수를 자주 하는지 떠올려보자. 자주 하는 실수는 실제 시험장에서도 반복하게 되는 경향이 있기 때문에, 무엇이 문제인지 알아내서 그 습관을 고치는 것이 좋다.

시험을 볼 때 내가 따를 행동 규칙을 정하면 좋다. 모의고사 혹은 예전에 시험을 보며 했던 실수들을 떠올려보자. 자신이 시험장에서 자주 저지르는 실수들을 정리해보고, 각 상황을 해결할 수 있는 행동 규칙을 정해 포스트잇에 적어보는 것이다. 내가 공인중개사 시험을 기준으로 적어본 시험 시나리오 예시는 다음과 같다.

- 1문제당 1분 안에 풀자.
- 그 이상 지체되면 별표를 쳐두고 지체 없이 넘어가자.
- 정답이 애매했던 앞 문제는 일단 잊자.
- 시험 종료 10분 전에 마킹을 시작하자.

- 마킹을 할 때는 문제 번호와 답안 번호를 속으로 읊조리자.
- 끝까지 못 푼 문제는 3번으로 찍자.

포스트잇에 적은 행동 규칙은 시험 30분 전 봐야 하는 내용을 정리한 노트에 붙여 시험장에 가지고 가자. 그리고 마지막으로 책을 볼 수 있는 최후의 10분 동안 빠르게 확인하고 마음속에 담아두자. 시험 시나리오가 있으면 긴장되는 상황에서도 당황하지 않고 대응해나갈 수 있다.

# 정답이 보이는
# 문제풀이의 비밀

시간이 부족하더라도 문제를 대충 읽지 말자.
차분하게 시험을 보는 것만으로도 합격의 확률은 올라간다.

시험장에서 효율적으로 문제를 푸는 방법까지 생각해둬야 비로소 완벽한 시험 시나리오가 완성된다. 시험장에서는 당황하지 않고 문제를 푸는 것이 가장 중요하다. '당황하지 말자'고 생각한다고 해서 당황하지 않는 것이 아니다. 정확한 행동 방법을 알고 있어야 당황하지 않는다. 여기서는 내가 여러 시험장에서 쓴 방법들 중 가장 효율적인 것들만 모아두었으니 참고하여 나만의 시험장 대처 방법을 정리해보길 바란다. 그리고 이 내용을 반영해서 시험 시나리오를 작성해두면 시험장에서 실수를 크게 줄일 수 있다.

## 시험 보는 순서는 어떻게 정하는 것이 좋을까

문제를 푸는 순서는 사람마다 제각각이다. 자신 있는 부분부터 풀기도 하고 뒤에서부터 푸는 사람도 있다. 어떤 방식으로 풀어도 관계는 없으나, 일부 문제라도 놓친다면 큰 낭패다. 시험지를 왔다갔다 하다가 풀었다고 생각했는데 중간에 안 푼 문제가 있을 수도 있으니 주의해야 한다. 내가 추천하는 방법은 두 가지이다.

### 순서대로 풀기

나는 헷갈리지 않기 위해 1번부터 쭉 풀어나가는 편이다. 순서를 바꾸다가 헷갈리지 않을까 하는 걱정에 순서대로 푼다. 풀나가 모르는 문제가 생기면 별표를 친 후 일단 넘기고 끝까지 다풀어본 후 다시 확인한다. 대신 시험장에서 문제가 출제되는 과목 순서대로 연습을 해두자. 그러면 적응이 돼서 시험장에서도 잘 풀 수 있다.

## 자신 있는 과목부터 빨리 풀기

과목에 선호가 있어서 문제 푸는 순서를 바꾸고 싶다면 자신 있는 과목부터 빨리 풀자. 일단 자신 있는 과목에서 문제가 잘 풀리면 자신감도 생기고, 빨리 풀어서 시간이 확보가 되면 조금 마음의 안정감이 생긴다. 만약 과목 간 선호가 뚜렷하다면, 자신 있는 과목을 먼저 푸는 것을 추천한다.

이때, 주의해야 할 점이 하나 있다. 내 경험상 시험 시작과 마지막에 실수가 나올 확률이 높다는 점이다. 운동을 시작할 때도 처음에 몸이 풀리지 않아 부상을 입을 확률이 높다. 시험도 마찬가지다. 처음 시작할 때 아직 머리가 굳어 실수를 하는 경우가 많다. 1~2번에서 문제를 제대로 해석하지 못하고 답을 잘못 찾았을 수도 있으니, 잠깐 시간이 남는다면, 각 과목별 1~2번 문제를 다시 확인하는 것도 좋다. 그리고 막판에는 시간이 부족하다 보니 급하게 문제를 풀다 실수가 많이 나온다. 시간이 부족하더라도, 문제를 대충 읽지 말자. 연필로 줄을 그으며 지문을 읽으면 급한 상황에서도 빠뜨리는 내용 없이 읽을 수 있다. 아무리 급해도 차분하게 보려고 노력하며 지문을 읽도록 하자.

# 시험 시간 안배 방법

시험 시간을 안배하는 방법은 배점에 비례하게 나누되, 조금 시간이 남도록 문제당 시간을 정하는 것이다. 객관식 시험의 경우 문제당 배점이 동일한 경우가 많은데 그렇다면 한 문제에 동일한 시간을 배분한다. 예를 들어 공인중개사 시험의 경우 한 과목의 시험 시간은 50분, 문제는 40문제가 출제된다. 그러면 1문제당 1분으로 하고 배분하고 남은 10분은 답안지 마킹 및 모르는 문제를 다시 확인하는 시간으로 정해둔다.

주관식 시험의 경우도 마찬가지이다. 행정고시 2차 시험의 경우 시험 시간이 2시간, 답안지 작성 분량은 열 페이지, 시험문제는 보통 서너 개다. 한 페이지 적는 시간을 10분으로 배정하고, 한 문제를 해석하는 데 각 5분 정도를 배정한다. 배점별로 답을 적는 페이지 수를 정한다. 한 문제가 100점 만점에 30점짜리 문제라면 문제를 해석하는 시간을 포함하여 35분 내에 세 페이지를 적으면 된다.

주관식과 객관식이 동시에 출제되는 경우에도 점수 배점에 맞추어 시간을 배정하되, 주관식 문제에 조금 더 시간을 할애할 수 있도록 배정하자. 주관식 문제는 답을 적어야 해서 객관식 문제보다 조금 더 시간이 걸리기 때문이다.

# 모르는 문제가 나왔다면

공무원과 자격증 시험의 경우 암기하지 않으면 틀릴 수밖에 없는 문제가 많다. 이런 상황에도 최대한 정답을 맞힐 수 있도록 노력해야 하지만, 모르는 문제의 정답을 고민하며 너무 많은 시간을 쏟아서는 안 된다. 따라서 이번 시험 시나리오는 모르는 문제를 마주했을 때 정답 확률이 높은 쪽으로 찍고, 다른 문제를 풀 수 있도록 시간을 아끼기 위한 것이다.

일단 보기 중 절대 답이 아닌 것은 제외해보자. 아마 2개 정도는 제외될 것이다. 이제 남은 것 중 하나를 골라야 한다. 만약, 틀린 것을 묻는 문제라면 보기 중 '반드시 ~해야 한다' '~만 그렇다' 등과 같은 단정적인 문장이 있는 것이 정답일 확률이 높다 (즉, 틀린 보기일 확률이 높다). 반대로, 맞는 것을 고르는 문제라면 비교적 합리적인 내용 또는 단정적인 표현이 없는 문장을 고르도록 하자.

예를 들어 다음과 같은 문제가 있다고 하자.

## 공인중개사 시험문제 예시(27회 공인중개사 기출)

다음 중 공인중개사법령상 공인중개사 정책심의위원회에 관한 설명으로 틀린 것은?

① 위원장은 국토교통부 제1차관이 된다.

② 심의위원회는 위원장 1명을 포함하여 7명 이상 11명 이내의 위원으로 구성한다.

③ 심의위원회에서 중개보수 변경에 관한 사항을 심의한 경우 시·도지사는 이에 따라야 한다.

④ 심의위원회 위원이 해당 한건에 대하여 연구, 용역 또는 감정을 한 경우 심의위원회의 심의·의결에서 제척된다.

⑤ 위원장이 부득이한 사유로 직무를 수행할 수 없을 때에는 위원장이 미리 지명한 위원이 그 직무를 대행한다.

나의 경우 숫자 등의 암기사항을 외워두어서 ①번, ②번 보기는 정답이 아닌 것으로 제외하였다. 그다음 ③번, ④번, ⑤번 보기는 자세히 공부하지 않은 내용이라 기억이 나지 않았지만 가장 단정적인 문장인 ③번 보기를 답으로 하였다(정답은 ③번이다).

시험장에서 모르는 문제를 마주할 때면, 나는 다음과 같이 행동한다.

첫째, '항상' '언제나'와 같은 단적인 표현이 있거나 문맥상 맞지 않아 보이는 것을 틀린 것으로 판단하고 답을 정하자. 대부분의 지문에서 '~수 있다'는 옳은 지문으로 출제되었다.

둘째, 단적 표현이나 문맥상 어울리지 않는 표현이 들어간 지문이 없다면 직관적으로 답이라고 생각했던 것으로 선택하자. 일반적으로 처음 답이라고 생각했던 것이 맞는 경우가 많다. 아예 문제를 잘못 읽은 경우가 아니라면, 직관적으로 답이라고 생각했던 것을 먼저 찍는 편이다.

마지막으로 직관적으로 답이라고 생각한 지문이 없다면, 다른 문제에서 정답 번호가 상대적으로 적었던 쪽으로 가자. 1번과 3번이 헷갈리는 상황에서 다른 문제에서 1번 답이 많았다면 3번으로 가는 것이 좋다. 만약 시간이 부족해 이를 비교해볼 수 없다면, 시험 전 정해둔 번호로 미련 없이 선택하고 다른 문제에 집중하자. 이 정도 되는 문제는 사실상 하늘에 맡기는 수밖에 없다. 아마 대부분의 경쟁자들도 이 문제를 제대로 풀었을 가능성이 없다고 보면 된다. 오히려 그런 문제는 넘기고 다른 문제 중에 실수가 없을지 더 꼼꼼하게 확인하는 것을 추천한다.

# 정답을 바꿔야 하나 고민될 때

이런 상황을 종종 맞이하게 된다. 지금 객관식 시험을 보고 있다. 그런데 당신이 선택한 답들 가운데 하나가 미심쩍다. 2번을 찍었는데 답이 4번 같기도 하다. 그러면 '내가 찍은 답을 바꿔야 하나?' 하는 생각이 든다. 이 경우 당신은 최초의 직감을 믿고 답을 그냥 두겠는가? 아니면 답을 바꾸겠는가?

여러 번 시험을 본 결과, ① 확실하게 문제를 잘못 읽은 경우, ② 다시 생각해보니 '새로운 내용이 기억난 경우'에는 답을 바꾸는 것이 유리하고, 그렇지 않다면 처음 찍은 직관이 맞는 경우가 많았다.

이와 관련된 실제 연구결과도 있는데, 수험생들이 이용하는 교육업체 카플란KAPLAN은 학생들에게 다음과 같이 경고한 적이 있다. "일단 답을 선택한 뒤에 그 답을 고치려고 마음먹는다면 특히 조심해야 한다. 경험적으로 보자면 답을 고치는 학생들 가운데 많은 수가 정답을 버리고 오답을 선택한다."라고 하였다.

하지만 연구결과는 반대였다. 한 연구에서 심리학자들이 일리노이 주립대학교의 학생 1,500여 명의 시험 결과를 놓고, 처음에 적은 답을 다른 답으로 고치려고 '지우개 표시'를 사용한 횟수를 세었다고 한다. 그런데 답을 바꾼 경우 가운데 25퍼센트만 정답에서 오답으로 바뀌었고, 오답에서 정답으로 바뀐 경우는 절반이나 되었다고 한다. 즉, 바꾸는 것이 더 유리한 셈이다. 왜 차이가 나는 것일까? 대개 학생들은 한번 결정한 답을 다른 답으로 바꾸기를 무척 꺼려서 자기 판단을 높은 수준으로 확신할 때만 답을 바꾸기 때문이라고 한다. 그리고 답을 바꿀지 말지 한 번 더 생각해본 덕분에 더 좋은 결론에 이를 수 있었다고 한다.

결국 내 경험과 연구결과는 동일한 셈이다. 신중하게 생각해서 확실히 바꾸는 것이 맞다고 생각이 들면, 바꾸는 것이 확률상 가장 정답으로 갈 확률이 높다고 볼 수 있다.

## 답안지 마킹은 언제부터 할 것인가

객관식 시험의 경우 답안지 마킹 역시 매우 중요하다. 토익과 같은 영어시험의 경우 다시 처음으로 돌아와서 문제를 확인하기 어려워 한 문제를 풀 때마다 한 문제씩 마킹하는 것이 효율적이다. 하지만 암기형 객관식 시험의 경우, 나는 보통 문제를 다 풀었는지 여부와 관계없이(가급적 10분 전에 모든 문제를 풀려고 계획을 함) 시험 시간 끝나기 10분 전부터 답안지 마킹을 시작했다. 1번부터 마킹을 하고, 별표 표시를 해둔 문제(헷갈린 문제)를 다시 확인하면서 답을 정했다. 다시 봐도 정답이 생각이 나지 않는다면 그때 찍었다. 그렇게 마킹을 하다가 시험 종료 2분 전이 되면 잘 모르는 문제도 더 이상 다시 보지 않고, 시험지에 적어둔 답을 답안지에 마킹해서 마무리한다. 답을 모르는 문제는 위에서 말한 시나리오에 따라 답을 체크한다.

## 점심식사 이후까지 시험을 보는 경우

점심식사는 가볍게 하자. 점심시간을 많이 주는 시험이든 적게 주는 시험이든, 자리에 앉아 가져온 음식을 간단히 먹는 것이 좋다. 나의 경우 맵지 않은 맛의 삼각김밥, 빵, 물 등을 자주 먹었다. 많이 먹으면 위장에 부담이 되기 때문에 소식하는 것을 추천한다. 아침에 일찍 일어나 오전 시험을 보았으므로 오후 시험을 보는 중 식곤증이 생길 수도 있다. 당분을 많이 섭취하기 위해 초콜릿을 먹기도 하였다. 음식은 나가서 먹지 말고, 챙겨 와서 먹도록 하자. 이동 시간을 줄이기 위해서이다. 전날 밤에 사두거나, 시험장에 가는 중 잠시 편의점 등을 들러 구매하면 된다. 식사 후 양치를 하거나 구강청결제를 이용하여 입안에 상쾌한 기분이 나게 하면 리프레시가 되어서 좋다.

그리고 되도록 혼자 먹자. 함께 시험을 보러 간 친구가 있어도 혼자 먹는 것이 좋다. 일단 친구를 만나면 오전 시험에 대한 이야기를 하게 된다. 시험을 못 본 것 같은 생각이 들면 기분이 나빠지기도 하고, 시험을 잘 본 것 같으면 좋아지기도 하는데 둘다 오후 시험을 보는 데 부정적인 영향을 준다. 시험을 보는 중에는 '고요한 호수'와 같은 감정을 가지는 것이 가장 좋다. 오전에 본 시험은 생각에서 지우고 오후 시험에서 능력을 최대로 발휘할 수 있도록 준비하자. 혼자 먹으며 감정조절을 하자. 그리고 오전에 고정된 자세로 시험을 보았기 때문에 어깨나 허리가 뻐근할 수 있으니 스트레칭으로 몸을 풀어주는 것을 추천한다.

수분관리는 필수다. 오후 시험에도 수분관리를 잘 해주어야 한다. 시험이 끝나고 식사를 바로 하자. 식사를 하며 500밀리리터 생수통의 4분의 1 정도 마시고 더 이상은 물을 마시지 않는 것이 좋다. 시험 시작 직전에 갈증이 난다면 간단히 목을 축이는 정도로만 물을 마시는 것이 좋다.

# 주관식 시험에서
# 주의해야 할 점

**주관식 답은 명확해야 한다.**
**두괄식으로 답을 적거나 소제목에서 핵심 단어가 명시되도록 작성해라.**

우리나라 대부분의 시험은 객관식(단답형 주관식 포함)으로 출제되지만 대학 논술 시험, 대학교 중간·기말고사, 행정고시 2차 등 서술형 주관식으로 답안을 작성하는 경우도 있다. 많이 안다고 주관식 시험을 잘 보는 것은 아니다. 아는 것과 표현하는 것은 다른 차원의 문제기 때문이다. 같은 내용을 공부해도 어떻게 답안을 작성하느냐에 따라 당락이 바뀔 수 있다.

# 채점자는 과연 얼마나 자세히 볼까

수험생들은 엄청난 정성을 들여 자신의 답안지를 작성하겠지만 채점자는 현실적으로 꼼꼼히 채점하기 어렵다. 논술 시험의 경우 교수 한 명이 약 1,000명의 답안지를 수일 내 보아야 하고 행정고시 2차의 경우도 수백 명의 답안지를 빠른 속도로 채점한다. 평균적으로 한 응시자의 답안지를 채점하는 시간은 3분 이내다. 나도 학원에서 행정고시 2차 시험 답안지 채점 아르바이트를 한 적이 있었다. 실제 채점을 해보면 일관성을 유지하기 위해 사전에 배부한 정답과 채점 기준을 토대로 점수를 매기게 된다. 즉 수험생의 답안지에 문제에서 요구한 정답이 있는지와 채점 기준에 부합하는지 여부에 따라 점수를 주게 된다. 대입 논술시험도 마찬가지다. 국내 대학에 근무하는 아는 교수와도 대화를 나눠보면 기준에 맞추어 빠르게 답안을 확인해서 채점을 한다고 한다. 채점해야 하는 양이 많다 보니 현실적으로 어쩔 수 없이 깊이 있게 볼 수가 없다. 게다가 채점자 입장에서 비슷한 내용의 답안지를 반복해서 읽으면 지겨워서 대충 보게 될 수도 있다.

따라서 문제의 답을 복잡하고 거창하게 쓴다면 채점자가 응시자의 의도를 파악하기 어렵다. 두괄식으로 답을 적거나 소제목에서 핵심 단어가 명확히 드러나도록 작성해야 한다. 계산 문제의 경우 최종 계산 결과와 중요한 공식을 명확하게 표시해두어야 채점자가 놓치지 않고 점수를 줄 수 있다.

## 문장을 쓸 때 주의해야 할 점

문장은 부드럽고 간결해야 한다. 문장이 길어지면 의미 전달이 제대로 되지 않을 수 있다. '(무엇을)~하고' 또는 '(무엇을)~하며'와 같은 연결어를 가급적 줄여야 한다. 짧은 문장을 싫어하는 사람은 없지만 긴 문장을 싫어하는 사람은 있다는 사실을 명심하자. 무조건 짧게 쓰고, 중요하다 싶은 문장은 크고 굵게 적어라. 채점자가 놓치지 않고 채점할 수 있도록 잘 보여주는 것이 중요하다. 그리고 주어와 서술어의 호응이 맞는지를 주의하며 글을 써야 한다. 예를 들어 '누군가 우리에게 숨기는 게 있으면 서운해하기가 쉽다'라는 문장을 보면 '서운해하기가 쉽다'에 대한 주어가 불명확해 의미가 모호해진다. 이런 경우 '서운해하기가 쉽다'를 '우리는 그 사람에게 쉽게 서운해진다'로 고치는 게 좋다.

# 문제풀이 방법을 암기하라

전체 시험의 시간 배분과 답안 작성 방법을 사전에 계획해야 신속하게 답을 적을 수 있다. 시간을 어떻게 배분하고 어떤 목차로 답을 작성할 것인지에 대한 방법을 사전에 숙지해두어야 한다. 예를 들어 보자. 행정고시 2차 시험에서 행정학의 경우 서론, 본론, 결론으로 나누어 적는다. 서론에서는 문제의 중요성과 의미, 본론에서는 문제에서 물어본 내용을 두세 개의 목차로 나누어 목차별로 들어가야 할 핵심 단어를 소목차로 구성한다. 소목차 안에서는 핵심 단어와 관련된 내용을 자세히 풀어 적는다. 결론에서는 문제의 전체적인 결론과 향후 나아가야 할 방향 등을 적는다.

미국회계사 시험의 경우도 마찬가지다. 제한된 시간 내에 빠르게 답을 작성하기 위해서는 어떤 목차로 작성할지를 사전에 암기해두는 것이 좋다. 미국회계사 시험 과목 중 BEC Business Environment and Concept에는 서술형 주관식 문제가 3개 출제된다. 답안은 10줄 이상 적어야 하는데 나는 사전에 개괄적인 풀이 방법을 머릿속에 그려두었다. 답안의 첫 번째 두 줄은 문제에서 무엇을 묻는지를 기술한다. 그다음에는 문제와 관련된 개념을 설명한다 (2~3줄). 시험에 나올 만한 개념들을 사전에 암기해두고 잘 모르는 개념이 나온다면 외운 것 중 비슷한 것으로 판단되는 것과 유사하게 풀어 적어 10줄을 채우도록 노력한다. 문제를 푸는 방식을 생각해두고 실제 시험장에서 그 방식대로 구성한다면 무엇을 적어야 하는지에 대한 고민의 시간을 줄일 수 있다.

## 공부할 때 쓴 필기구로 시험 봐라

실제 시험은 중요한 날이니 비싼 필기구를 가지고 가는 경우가 있다. 좋은 필기구를 사용하였다고 높은 점수를 주지 않는다. 그보다는 평소에 쓰던 필기구를 넉넉하게 가져가는 것이 효율적이다. 주관식 시험의 경우 갑자기 필기구가 바뀌면 글씨가 잘 안 써진다거나 하는 예상치 못한 문제가 발생할 수도 있다. 자주 쓴 필기구를 가져가서 평소와 같이 시험을 보는 것이 좋다.

## 글씨에도 신경 써라

서술형 주관식의 경우 글씨를 어떻게 쓰느냐가 점수에 영향이 있는지 여부에 대해 논쟁이 있으나, 글씨를 잘 쓴 사람의 답안지가 보기 편하고 내용의 전달력이 좋아서 득점에 긍정적인 영향을 줄 가능성이 크다고 볼 수 있다. 답안의 내용이 더 중요하지만 1~2점에서 당락이 결정되는 상황에서 1점이라도 더 받을 수 있도록 글씨에도 신경을 써야 한다.

천천히 또박또박 써라. 시험 보는 중에는 마음이 급해져서 빨리 쓰려고 한다. 그러다 보면 글씨를 흘려 쓰게 된다. 의식적으로 천천히 또박또박 쓰려고 노력해야 한다. 시간이 급하다면 목차라도 또박또박 적어서 무엇을 전달하려고 하는지 눈에 잘 보이도록 해야 한다.

잘 쓰기 힘들다면 크게라도 쓰자. 나의 경우에도 글씨를 정말 못 쓰는 편이었고 글씨를 잘 쓰기 위해 따로 연습할 시간도 없었다. 시험을 볼 때도 항상 시간이 부족하여 천천히 또박또박 쓸 자신도 없었다. 그래서 최후의 방법으로 글자를 크게 쓰려고 노력했다. 글씨를 못 써도 내용의 전달이라도 잘 되게 하려는 목적이었다.

## 출제 비중이 낮은 내용에 대한 대처법

행정고시 2차 시험의 경우 한 과목에 서너 문제가 출제되어 비중이 낮은 부분까지 철저하게 대비하기 어렵다. 전혀 공부를 하지 않은 부분에서 문제가 출제되면 시험 전체를 망칠 수도 있다. '출제 가능성은 낮지만 출제될 수 있는 부분'은 핵심 단어를 암기해두는 것이 효율적이다. 핵심 단어와 공통적인 풀이 방법을 사전에 숙지하였으면 어느 정도 문제를 풀 수 있다. 어차피 출제 가능성이 낮은 부분은 다른 수험생들도 답을 제대로 적지 못할 가능성이 높다. 관련 내용을 상식선에서 적으면 최소한의 점수를 받을 수 있으니, 뭐라도 적어서 1점이라도 득점하려는 노력을 해야 한다.

노력이 성과로 이어지려면 시험장에서 답안을 잘 작성해야 한다. 위에서 설명한 방법들을 잘 활용해도 점수를 어느 정도 받을 수 있을 것이다. 답안 적는 방법을 잘 익혀서 공부한 내용이 점수로 이어지기를 바란다.

## 6장

# 시험형 인간의 합격 멘탈

"합격하는 사람의 멘탈은 다르다"

# 망상하지 마라,
# 현실은 현실이다

원래 세상은 엉망진창이고, 내 공부도 완벽할 수 없다.
그저 우리는 불완전한 것을 조금 더 완벽하게 만드는 것만으로도 충분하다.

내가 〈메멘토〉라는 영화를 보았을 때의 경험이다. 잘 모르는 배우, 화려하지 않은 화면, 게다가 광고도 많이 하지 않아서 전혀 기대를 하지 않은 영화였다. 그런데 의외로 너무 재미 있어서 오랫동안 기억에 남을 정도로 인생영화가 되었다. 반면, 엄청난 제작비, 화려한 출연진, 공격적인 광고로 개봉 전부터 이목을 끌었던 영화를 실제 영화관에 찾아가서 보면, 생각보다 실망하는 경우도 많다. 블록버스터 영화에 엄청난 광고를 하고 대중들의 기대를 키우는 이유가 무엇일까? 기대를 해야 사람들이 영화를 보러 가기 때문이다. 하지만, 그 기대는 양날의 검과 같다. 기대 때문에 괜찮은 영화였음에도 '생각보다 별로'라는 평가를 하기 때문이다.

공부도 마찬가지다. 당신은 처음 시작할 때 공부에 큰 기대를 건다. '완벽하게 공부해서 빨리 합격해야지. 난 잘 할 수 있어'라고 생각한다. 이런 긍정적인 마음은 처음 의욕적으로 공부하는 데에 도움이 된다. 하지만 수험 기간이 길어질수록 이런 마음가짐도 독이 될 수 있다. 공부를 하다 보면, 대부분 내가 생각했던 것보다 진도가 잘 나가지 않고, 생각보다 모르는 내용도 많으며, 한두 번 보면 기억이 날 것 같지만 공부하고 뒤돌아서면 기억이 잘 나지 않는다. 내가 생각한 것만큼 완벽하게 공부하기 어렵다. 그러면 초반의 기대감이 무너지고, 스스로에게 실망하게 된다.

이런 일을 겪었다고 너무 실망하거나, 걱정하지 말자. 나는 시험을 볼 때마다 겪었다. 여러 번 시험을 보다 보니 '원래 처음부터 생각했던 대로 안 되는 게 공부지. 그래도 합격하는 데 지장 없더라'라는 마음을 가지게 되었다.

원래 세상은 엉망진창이고, 내 공부도 완벽할 수 없다. 그저 우리는 불완전한 것을 조금 더 완벽하게 만드는 것만으로도 충분하다. 그러니 내가 부족하더라도, 공부하다 중간에 넘어지더라도 그것은 있을 수 있는 일이다. 상처받거나 실망할 필요는 없다. 존 에이커프는 자신의 책 『피니시』에서 당신은 늘 불완전할 것이며, 그 불완전한 모습 그대로 나아가는 일이 결국 당신을 돕게 될 거라 말한 바 있다. 이처럼 완벽하지 않은 날이 실패가 될 거란 생각에 지레 포기하지 말자. 우리는 언제나 다시 도전할 수 있다.

# 시험공부에
# 인생을 걸지 마라

시험 하나 잘못 봤다고 상심할 필요 없다.
내가 최선을 다하고 있다면 인생은 또 새로운 길을 열어줄 것이다.

"너 제대로 된 대학도 똑바로 못 가면 인생 실패하는 거야!"

내가 고등학교 때 선생님들이 수업 시간에 하던 말이다. 부모님, 선생님들은 극단적인 동기부여 방법을 사용한다. '시험에 떨어지면 인생낭비하고, 패배자가 되는 거야'와 같은 말을 한다. 당장 공포감을 조성하여 공부를 하게 할 수는 있지만, 그런 동기부여로는 오래 공부하지 못한다. 이런 동기부여 방법이 효과가 있었다면, 지금 우리나라에서 공부를 못할 사람은 아무도 없었을 것이다.

　나도 학생 때는 그렇게 생각했다. 수능 점수를 잘 받아야 성공한 인생이라고 생각한 적도 있고, 고시에 합격해야 인생이 잘 풀린다고 생각한 적도 있었다. 여러 시험에 합격해보니 사실 합격으로 인생이 더 행복해지거나, 더 좋아지는 것은 아니었다. 함께 고시 공부를 한 친구들 중에서 합격한 친구도 있고 아닌 친구도 있다. 그 당시에는 시험에 탈락한 친구가 불쌍해 보였다. '몇 년 시험에 인생을 투자했는데, 떨어지고 이제 다시 직장 찾으면 괜찮을까?' 하는 생각이 들었다. 어떤 친구는 군대도 연기하고 고시 공부를 함께했었는데, 결국 최종 시험에 떨어져 늦은 나이에 사병으로 입대를 했다. 그런 모습을 옆에서 보니 무엇인가 안쓰럽기도 했다.

　약 15년이 지난 시점, 고시에 합격한 친구와 떨어진 친구의 삶은 어떻게 달라져 있을까? 의외로 고시 합격 여부는 크게 중요하지 않았다. 고시에 합격해도 직장 생활을 하는 것은 동일했고, 어느 직장에 다니는지는 그 사람의 행복에 큰 영향을 주지 않았다. 합격한 친구 중에서는 '만날 때마다 자신이 속한 조직에 대해 불평하고, 회사 출근 자체를 힘들어하며, 평판도 좋지 않은 경우'도 있었다. 고시에 탈락한 이후 새로운 직장을 찾은 친구 중에는 거기서 잘 적응하여 좋은 평판을 얻어 소위 잘나가는 회사원이 되기도 했다. 재력에서도 하기 나름이었다. 어떻게 돈을 모아서 투자하느냐에 따라 소유한 재산이 달라졌다. 고시를 합격했다고 더 잘사는 것도 아니었다.

인생은 시험의 합격 여부보다 자신을 위해 얼마나 더 많은 정성을 쏟고 있느냐가 중요하다. 시험 하나 잘못 봤다고 상심할 필요가 없다. 내가 최선을 다하고 있다면 인생은 또 새로운 길이 열릴 것이다.

# 자신감은
# 노력에서 온다

**우리는 늘 열심히 하지 못할 이유만을 늘어놓는다.**
**그렇게 못할 이유만을 찾을 거라면 이제라도 공부를 포기해라.**

나에게 상담을 요청하는 학생들 중 많은 수가 물어본다. "저는 고졸입니다. 제가 합격할 수 있을까요?" 또는 "저는 ○○ 대학밖에 나오지 않았는데, 공부를 잘 해낼 수 있을까요?"

수험생의 성향은 크게 둘로 갈린다. 자신감을 가지고 의욕적으로 열심히 해보려는 성향이 있는 반면, '내가 잘할 수 있을까요?'라고 매번 물어보며 자신감이 없는 수험생도 있다. 어차피 과도한 자신감도 독이 될 수 있어서 의욕적인 경우가 반드시 좋다고만 할 수는 없지만, 자신감이 없는 것은 큰 문제다. 자신감은 나에 대한 믿음과 합격에 대한 확신으로 이어진다. 어느 정도 합격할 것이라는 믿음이 있어야 열심히 공부할 수 있기 때문에 자신감을 가지는 것이 좋다.

가장 큰 문제는 자신감이 없으면서 공부도 열심히 하지 않는 경우이다. 나와 상담하는 학생 중 한 명은 늘 자신이 잘할 수 있을지 걱정만 한다. 즉, 공부는 하지 않고 걱정만 하고 있다. '일단 열심히 해보세요'라고 조언을 하면, '저는 잘 못할 것 같아요. 자신감을 심어주세요'라고 말하거나, '해보니까 잘 안 되던데요. 열심히 할 의욕이 나지 않습니다'라고 말하며 자꾸 열심히 하지 못할 이유만을 늘어놓았다. 그럴 거면 왜 공부를 시작했는가? 자신감이 없으면 열심히라도 해야 한다. 그렇게 못할 이유만을 찾을 거라면 공부하지 않아도 된다. 공부는 누가 시켜서 하는 것은 오래가지 못한다. 내가 할 이유를 찾고 열심히 하면서 스스로 자신감을 찾아야 좋은 성과를 얻을 수 있는 것이다.


## 공부는 나를 위한 것임을 잊지 말자

공부를 하다 보면 어느 순간 시험공부를 시작한 동기는 잊어버리고 공부 자체의 지루함에 빠져 동력을 잃어버리기 쉽다. 당신은 무엇을 위해 시험공부를 시작했는가? 여기서는 면접에서 말할 거창한 동기를 요구하는 것이 아니다. 안정적인 직장을 가지고 싶어서, 돈을 더 벌고 싶어서, 부모님께 떳떳해지고 싶어서와 같은 현실적인 이유가 필요하다. 누군가의 강요로 공부를 시작했을 수도 있다. 하지만, 결국 합격이라는 열매는 시험을 본 자신이 가지는 것이다. 반대로 시험에 떨어진다면 그 손해도 본인이 짊어지는 것이다. 수험 생활이 힘들 때마다 나의 현실적인 이익을 위해 공부를 하고 있다는 생각을 가진다면 그 고통이 조금은 줄어들 것이다.

## 작은 성공을 경험해보자

공부 중에 작은 목표를 설정해서 여러 번 성공시키는 경험을 하는 것은 자신감을 얻는 좋은 방법이다. 문제집의 어느 부분까지 풀어서 몇 점 이상 받는 목표를 설정하여 달성을 해보는 것과 같은 나만의 작은 목표를 설정하고 성공하는 경험을 통해 공부의 기쁨을 알아나가는 것도 공부하는 과정에서 소소한 즐거움이 될 수 있을 것이다.

# 불안함을 합격의
# 원동력으로 바꿔라

적당한 불안감은 공부에 필요하다.
결국 불안감은 활용하기에 따라 시험을 잘 보는 기술이 되기도 한다.

내가 행정고시를 공부할 때 함께 공부했던 형의 이야기다. 그 당시 행정고시 2차 시험은 6월 말에 치러지고, 결과 발표는 11월 중순이었다. 객관식 시험은 정답을 알려주면 가채점을 해볼 수 있었기에 대략 합격 여부를 예상해볼 수 있었다. 하지만 서술형 주관식 시험은 채점자의 판단이 개입되어 점수가 매겨지므로, 결과가 발표될 때까지 합격 여부를 전혀 예상할 수 없었다. 시험을 본 후 합격 여부를 예상할 수 없는 불확실한 기간이 4개월 반이나 생긴다. '내가 과연 합격할 수 있을까?' 불안하다. 하지만 기다리는 것 외에 딱히 방법도 없다.

나 역시 아는 형과 동일한 고사장에서 시험을 봤었고, 이후 형을 다시 만나게 된 것은 10월 중순쯤 학교에서였다. 그 형은 지난 6월의 모습과 비교했을 때 홀쭉하게 살이 빠진 모습이었다. 너무나도 달라진 그의 모습에 놀라 연유를 묻자 형은 이렇게 말했다. "시험 결과 기다리다가 15킬로그램이나 빠졌어." 아니나 다를까 형은 결과가 발표되기도 전에 떨어질까 봐 너무 걱정된 나머지 제대로 먹지를 못한 것이다. 형은 결국 그해 시험에서 탈락했다. 15킬로그램이 빠질 정도로 걱정을 해도 결과를 바꾸지는 못했다. 이처럼 어차피 이미 시험을 본 이상, 내가 걱정하든 하지 않든 결과는 알아서 나온다.

우리는 늘 시험 보기 전 불안하다. 무엇이 시험에 나올지, 내가 잘 볼 수 있을지 알 수 없기 때문이다. 하지만 언제까지 불안해 있을 순 없다. 불안감 자체를 없앨 수도 없고, 그 불안감의 원인은 내 통제 범위 밖의 문제다. 오히려 과도한 불안감으로 공부 리듬을 잃는다면, 통제할 수 없는 문제로 내가 통제할 수 있는 공부 리듬을 무너뜨리는 어리석음을 범하게 된다.

내가 행정고시를 준비할 때 들었던 행정학 강의의 강사는 행정고시를 준비하다 여러 번 탈락하고 학원강사를 하게 되었다고 했다. 그가 시험에 떨어진 이유는 바로 불안감 때문이었다. 시험 전날 너무 불안해서 밤새 잠을 설쳤고, 우황청심환을 사기 위해 새벽에 약국에 달려가 내려진 셔터문을 두드린 적도 있었다고 한다. 그 불안함의 결과는 시험 탈락이었다. 과도한 불안감은 독이 된다.

불안감은 시험을 반드시 합격시켜야 한다는 중압감에서 비롯되는 것으로 생각된다. 내가 실수하면 어쩌나, 모르는 문제가 나오면 어쩌나 하는 걱정과 근심이 커지면 불안감은 더욱 증폭된다. 결국 불안감 자체를 없앨 수는 없다.

## 불안감은 하나의 원동력이 된다

불안감 자체를 없앨 수 없다면 이를 어떻게 활용할 수 있을지 전략을 세워야 한다. 불안은 시험을 보는 데 있어 어느 정도 필요한 감정이기도 하다. 불안감은 내가 부족하다는 사실을 일깨워주는 하나의 경보장치이고, 또 미래에 대한 경각심을 일깨워주는 각성제이기도 하다. 따라서 적당한 불안감은 게으름을 없애고 흐트러지지 않을 수 있도록 긴장감을 유지시켜주는 요소이다. 즉, 불안감이 적당한 긴장감을 만들어준 것이다. 나는 군대를 가지 않은 상황에서 행정고시를 준비하였고, 병무청에서 오는 군대 영장은 시험에 반드시 합격해야만 한다는 불안감을 만들어주었다. 한 번씩 게으른 마음을 가질 때마다 군대 영장을 생각하며 아침에 일찍 일어났다. 대학교를 다닐 때 11시 이전 수업은 수강신청을 기피할 정도로 아침 잠이 많았으나, 고시 공부를 하는 동안에는 항상 아침 6시 30분 정도에 일어났으니 그 효과는 아주 컸다고 생각한다.

또 내가 부족하다고 느끼는 불안감은 겸손함이 되기도 한다. 행정고시를 합격하고 공무원 생활을 하면서 자격증을 준비하게 된 것은 공무원을 퇴직한 이후의 걱정, 내가 부족하고 다른 사람보다 뒤처지는 것 아닐까 하는 불안감에서 시작된 부분도 있다. 이는 내가 꾸준히 시험을 볼 수 있게 한 중요한 심리적 동기였다. 이러한 불안감은 아직 부족한 내가 더 발전할 수 있도록 노력해야 한다는 생각으로 이어졌다.

결국 불안감 자체를 없앨 수도 없고, 적당한 불안감은 공부에 필요하기도 하다. 결국 불안감을 잘 활용하기에 달렸다. 이를 전략적으로 잘 활용할 수 있다면 '시험을 잘 보는 기술'이 될 것이다.

# 합격은
# 전략순이다

실수를 하지 않는 인간은 없다.
실수와 잘못된 행동에는 늘 반성이 수반되어야 한다는 사실을 잊지 말자.

　　많은 학생들이 독서실 책상에 공부 의지를 다지는 경구를 포스트잇에 써서 붙여둔다. '할 수 있다고 믿으면 그렇게 된다' '난 잘할 수 있다' '최선을 다하자!'와 같은 문구를 적어두고 의지를 다지는 것이다. 과연 작은 포스트잇에 적은 경구 한 줄로 의지가 생길 수 있을까? 난 오히려 오늘 공부해야 할 것이나, 매번 헷갈려하는 것들을 자주 리마인드 하기 위해 책상에 포스트잇을 붙여둔 적은 있어도 의지를 다지기 위한 글귀를 붙이지는 않았다.

나는 의지와 투지를 불태우는 것보다 '가지고 있는 의지를 공부에 집중할 수 있느냐'가 합격을 가른다고 믿는다. 내가 본 많은 사람들은 저마다 비슷한 수준의 의지를 가지고 있었다. 단지 그 의지를 어떻게 활용하느냐에 따라 결과가 달라졌을 뿐이다. 남들보다 의지가 높아도, 그 의지가 공부를 향하지 않는 이상 합격할 수 없다.

신림동에서 고시 공부를 할 때의 일이다. 신림동 고시촌에서 고시 공부를 하는 사람들을 보면 공부에 의지를 불태우는 사람이 있는 반면, PC방에서 게임에 의지를 불태우는 사람도 있다. 매일 새벽까지 게임을 하면서 랭킹과 승률을 올리는 데 혈안이 된다. 단순히 재미 수준을 넘어선 의지다. 게임을 잘하는 데도 의지가 필요하다. 단지 그 의지를 공부에 쓰지 못한 것일 뿐이다. 그렇다면 이 타오르는 의지를 공부에 집중시킬 수 있는 전략은 어떻게 세울 수 있을까?

## 후회를 활용해라

"수험 생활 중 가끔 도망치고 싶은 마음을 느껴보신 적은 없나요? 그럴 땐 어떻게 해결하셨는지 궁금해요"라고 질문하는 학생을 만날 때마다 나는 이렇게 대답했다. "도망치고 싶거나 회피하고 싶을 때는 그렇게 하세요. 한두 번 회피하면 '후회'를 하게 됩니다. 그때 느꼈던 감정을 노트나 핸드폰에 써두세요. 그리고 도망치고 싶을 때마다 꺼내 보세요. 전에 느꼈던 후회의 감정이 더는 도망치지 않게 도와주는 '본드' 역할을 할 겁니다."

공부도 마찬가지다. 실수를 하지 않는 인간은 없다. 공부를 하다 보면 공부가 지겨워서 뛰쳐나갈 수도 있고, 강의를 듣다가 중도 포기하는 경우도 있을 수 있으며, 친구들과 게임을 하다 밤을 샐 수도 있다. 문제는 그런 행동을 한 것이 아니다. 반성하지 않고 그런 행동을 반복해서 하는 것이 문제다. 나는 늘 잘못된 행동을 하면 적어 둔다. 즉, 후회노트를 만드는 것이다.


## 후회노트를 만드는 3가지 키워드

### 구체적으로 기억하기

어떤 상황에서 어떤 상황이 후회가 되었는지 적어두자. '연말연시에 도저히 도서관에만 있기에는 억울해서 친구와 약속을 잡아 신촌으로 가서 술을 마셨다. 술을 마셔봐야 성수기에 가격만 비쌌고, 어차피 고시생으로 특별히 할 것도 없었다. 술집을 얼쩡 거리다 다시 집으로 왔다.' 이렇게 적어두니 나중에 다시 연말연시에 어디 돌아다니고 싶지 않았다. 그보다는 빨리 공부를 끝내고 홀가분하게 놀고 싶다는 마음이 커져서 더 열심히 공부할 수 있었다.

### 어떤 결과가 있을지 적어보기

후회가 되는 행동이 어떤 영향을 주었는지 적어두자. '연말연시에 친구들과 PC방에서 3일 내내 게임을 했더니, 완전히 공부 흐름이 무너져서 다시 리듬을 찾는 데 2주가 걸렸다. 그래서 당초 계획된 것보다 일주일 이상 진도가 밀리게 되었고, 결국 이후에 하루에 1시간씩 더 공부해서 뒤처진 공부를 메우게 되었다'와 같이 적어보자. 후회되는 행동을 다시 하고자 하는 마음이 생길 때 어떤 결과를 초래할지 구체적으로 생각해보면, 나중에 더 고생할 것을 피하기 위해서라도 후회하는 행동을 자제하게 된다.

### 온전히 내가 책임을 지겠다고 생각하기

보통 결과가 잘못되면 남 탓을 하는 경향이 있다. 이를 행정학에서는 이기적 착오라고 하는데, 이는 자기가 일을 잘못한 것은 상황적 조건이 나쁜 탓이고, 일을 잘한 것은 자기의 개인적 우월성 때문이라고 생각하는 경향을 의미한다. 누가 잘못을 해서 결과가 좋지 않았든 관계없이 공부의 결과에 대한 책임은 결국 내가 온전히 져야 한다. 시험을 보는 사람도 나고, 공부를 하는 사람도 나이며, 합격하든 탈락하든 그 결과는 나에게만 귀결된다. 수험 생활을 도피하고 싶다면 생각해라. 그 행동에 대한 결과도 내가 져야 한다는 사실을.

# 단순함으로
# 승부하라

다른 사람이 어떻게 생각하든 '나는 내 결심대로' 가자.
의미 없는 스트레스는 꼭 피할 수 있도록 하자.

시험 날이 가까워질수록 더 불안해진다. 감정이 요동치고, 스
트레스도 받는다. 그러다 보니 나에게도 '멘탈 관리'를 잘하는 방
법을 물어본다. 공부를 해보면 누구든 멘탈 관리가 잘되지 않는
다. 사실 나도 마찬가지다. 시간이 부족하고, 공부할 것은 많고,
무엇이 시험에 나올지 모르는 상황에서 멘탈 관리가 잘될 리가
없다.

"열받아서 더 이상 공부 못 하겠네!"

공부를 하다 보면 저런 말이 불쑥 나올 때가 있다. 아무리 노력해도 성과가 좋지 않을 때, 고민할 것이 많아 책에 손이 잡히지 않을 때 주로 그렇다. 스트레스다. "아 스트레스 쌓이네"라는 말처럼 스트레스는 우리의 마음속에 쌓인다. 스트레스가 쌓이면 공부하기가 싫고, 스트레스를 받을 때 공부하려면 더 큰 의지가 필요하다. 우리의 의지력은 유한하다. 의지력은 사용하면 줄어드는 에너지이고 최대한 소중하게 보관해야 한다고 한다. 의지에 기대어 공부하는 것에는 한계가 있기 때문이다.

## 스트레스를 줄이는 멘탈 관리의 비밀

이상하게도 우리 뇌는 무언가를 하면 안 된다고 자꾸 생각할수록, 그 일에 더 집착하고 더 큰 흥미를 느낀다고 한다. 그리고 이런 감정은 우리 마음에 격렬하게 스며든다. 결국 부정적인 자극을 추구하는 뇌는 하면 안 된다고 생각할수록 더 하게끔 만드는 것이다. 스트레스를 의식할수록 더 스트레스를 받고, 불안할수록 더 불안해진다. 어차피 스트레스와 불안감을 없앨 수는 없다. 공부해보니 단순하게 생각하고 행동하면 부정적인 생각을 조금이나마 떨쳐낼 수 있었다.

## 단순함의 힘

1가지 일(설거지)만 주어진 경우와 3가지 일(설거지, 빨래, 밥 짓기)이 한꺼번에 주어진 경우를 생각해보자. 1가지 일을 할 때 보다 3가지 일을 한꺼번에 할 때 일에 집중하기 어렵다. 따라서 우리가 신경 쓸 일을 줄여야 한다. 전기밥솥으로 밥을 짓고 세탁 기에 빨래를 넣으면, 신경을 써야 할 일이 하나로 줄어들게 되어 1가지 일에 좀 더 집중할 수 있다. 공부도 마찬가지다. 최대한 생 각할 것들을 없애야 한다. 무조건 단순해지자.

## '딱 이것만 보자'라고 범위를 정해라

함께 공부를 하는 사람들 또는 인터넷 카페에서 '○○ 책이 좋 다' '○○ 학원이 좋다' '○○ 강사가 작년에 적중률이 높았더라'와 같은 말을 듣는다. 그러면 '책을 바꿀까?' '다른 수업 들을까?' 하 며 고민하게 된다. 이 고민으로 며칠간 스트레스를 받는다. 최대 한 단순하게 생각하자. 딱 어떤 책을 어느 범위까지 보겠다고 정 하고 그대로 실행해라. 그래야 실행력이 높아진다. 책, 강의의 선 택보다 중요한 것은 '내가 얼마나 그것들을 잘 소화했느냐'이다.

한 번 정하면 계획대로 공부하는 것이 다시 고민하는 것보다 효율적이다.

## 반복되는 일상은 기계적으로 행동해라

'오늘은 무슨 밥을 먹을까?' '주말에는 몇 시까지 잠을 잘까?' '내일은 무슨 옷을 입을까?'와 같이 공부하는 것과 관계없는 선택은 기준에 따라 기계적으로 결정하자. 스티브 잡스와 마크 저커버그는 매번 같은 옷을 입는 것으로 유명하다. 그들은 왜 늘 같은 옷만을 입는 걸까? 이는 바로 '옷을 선택하는 데 에너지를 낭비하고 싶지 않기 때문'이다. 매일 아침 입을 옷을 고르는 데 생각보다 많은 에너지를 쓴다. 만약 매일 아침 입을 옷이 정해져 있다면, 그 고민할 에너지를 아낄 수 있고, 그 아낀 에너지를 더 생산적인 일에 쓸 수 있다는 것이다. 이처럼 일상적으로 반복되는 선택은 답을 정해둬 단순히 행동하는 것이 좋다. 결정에 대한 스트레스로부터 해방되는 것만으로도 많은 에너지를 아낄 수 있다.

# 상황과 결과에 감정을 담지 마라

## 상황①

학원에서 자습을 하고 있다. 옆자리에 앉은 사람이 나에게 쪽지를 보낸다. 쪽지에는 '조금 조용해주세요. 움직이는 소리가 너무 크네요'라고 적혀 있다.

## 상황②

친구 몇 명이 모인 단체 카톡방이 있다. 한 친구가 '○○이 요즘 공무원 시험공부 시작했대'라고 채팅을 한다. 다른 친구가 '진짜? ㅎㅎㅎ'라고 답을 한다.

당신은 이 두 상황을 어떻게 받아들이겠는가? 첫 번째 상황은 말 그대로 조금 시끄러워서 보낸 쪽지이다. 내가 시끄럽지 않았다면 상대방이 그저 예민한 사람에 불과하다. 그런데 시험공부를 하다 보면 괜히 이상하게 감정을 담게 된다. '내가 옆에 있는 게 불편한가?' '내가 불편한 사람인가?'라는 이상한 생각을 하게 되는 경우가 있다. 두 번째 상황도 마찬가지다. 다른 친구는 별 생각 없이 'ㅎㅎㅎ'라는 표현을 붙였을 수도 있다. 그런데 왠지 또 이상하게 해석을 한다. '니가 그 어려운 공무원 시험을 준비한다고? 합격 못 할걸? ㅎㅎㅎ'라고 생각하는 것이다.

평소에는 그렇게 생각을 하지 않는데, 시험공부를 하고 있으면 신기하게도 곡해를 하는 경향이 있다. 내가 처한 현실에 대한 불안감이 자존감을 떨어뜨리게 되고, 자존감이 낮아진 상황에서 굳이 내 감정을 담아 안 좋은 쪽으로 해석을 하는 것이다. 어떤 상황을 맞이하든 '사실 그대로' 해석하자. 그저 조금 시끄럽게 느껴서 쪽지를 보낸 것이고, 친구는 '시험 준비하나?'라는 것을 재차 물어보려고 보낸 메시지에 불과하다. 혼자 감정을 담아 해석하면 괜히 스트레스만 더 받는다. 다른 사람이 어떻게 생각하든 '나는 내 결심대로' 가는 것이다. 그런 스트레스는 공부에 전혀 도움이 되지 않는다. 의미 없는 스트레스는 꼭 피할 수 있도록 하자.

# 시험의 목표는
# 후회를 남기지 않는 것이다

'나는 최선을 다했고, 내 실력을 100퍼센트 발휘했다.'
이런 생각이 들 수 있도록 노력하자.

'제발 이번 시험 합격하게 해주세요.'

'100점 맞게 해주세요.'

시험을 보기 직전 많은 사람들이 기도를 한다. 나도 시험 보기 전 기도를 한다. 하지만 그 내용은 다르다. '아는 문제를 정확하게 다 풀고 나올 수 있게 해주세요. 실수하지 않게 해주세요'라고 기도한다. 그렇다. 나의 기도는 '후회하지 않는 것'에 초점이 맞춰져 있다.

# 시험을 후회 없이 치러야 마음의 원동력이 생긴다

시험에 임하기 전 자신이 할 수 있는 유일한 일은 후회 없이 시험을 보는 것이다. 난 시험이 끝난 후 '내가 왜 문제를 그렇게 풀었을까' 하는 생각(후회)이 들지 않는다면 그 시험은 성공했다고 평가한다. 열심히 준비해도 운이 따라주지 않아 탈락하는 경우도 있다. 하지만 시험에 떨어지더라도 최소한 다시 과거로 돌아가서 더 열심히 해보고 싶다는 생각은 들지 않아야 한다.

'아, 그때 더 열심히 했었더라면…'이라는 생각이 든다면 이후 다시 공부를 하는 과정에서 큰 스트레스로 남을 것이다. 반대로 '그래도 난 충분히 노력했고, 불합격은 아쉽지만 그때는 이게 최선이었어'라는 생각이 든다면 부족했던 부분을 개선하여 다시 한 번 최선을 다하고자 하는 마음의 원동력이 생긴다.

'올해는 준비가 부족해서 어차피 합격을 못할 것 같으니 올해는 대충 한 번 시험 삼아 본다는 생각으로 시험을 보고 내년부터 제대로 준비해야지'라는 생각을 가지는 사람이 있다. 이런 생각을 가지기보다 '한 과목이라도 제대로 공부하여 이번에 시험을 보고 자신의 공부 방식이 어떠한지를 진단해보자'고 마음먹는 것이 더 좋다.

많은 시험을 보고, 여러 일을 해보면 느낀다. 세상엔 아무리 노력해도 내 마음대로 되는 않는 일이 있다는 것을. 우리는 최선만 다하면 되고, 후회하지 않게 시험을 보면 된다. '나는 최선을 다했고, 내가 공부한 것을 100퍼센트 발휘했다'고 생각할 수 있도록 말이다. 만약, 운이 좋지 않아 결과가 좋지 않아도 상관없다. 후회 없이 공부해보는 경험은 결국 당신에게 좋은 결과를 가져다 줄 것이기 때문이다. 그렇게 믿어도 된다.

# 공부할 때
# 절대 하지 말아야 할 말들

나와 가장 가까이 있는 사람은 나 자신이고,
내가 하는 말에 가장 영향을 많이 받는 사람도 나 자신이다.

"나는 배짱이 있다!"

숫기가 없었던 연수원 동기는 행정고시 3차 면접을 앞두고 스피치 학원에 다녔다. 당시 스피치 학원에 가면 가장 먼저 가볍게 주먹을 쥐고 가슴을 두 번 친 후 양팔을 위로 뻗으며 "나는 배짱이 있다!"라고 외쳤다. 그렇게 세 번을 반복하며 자신감을 얻었다고 한다. 나와 가장 가까이 있는 사람은 나 자신이고, 내가 하는 말에 가장 영향을 많이 받는 사람도 나 자신이다. 공부할 때도 내가 하는 말에 많은 영향을 받는다. 그간 공부하면서 스스로에게 했던 말들 중 방해가 되었던 말들을 생각해보면 다음과 같다.

## "내가 그렇지 뭐…"

공부하다 보면 집중이 되지 않는 날도 있고, 노력했지만 예상보다 좋은 않은 결과를 얻는 날도 있다. 이런 날은 나에게 있어 그저 그런 하루다. 섭섭한 마음에 한마디 던진다. "내가 그렇지 뭐…"

예상보다 실망스러운 결과를 자신의 책임으로 돌리지 않기 위해 나는 원래 그랬다는 식으로 푸념하는 것이다. 이와 유사한 말로 "왜 항상 나는 이럴까…"가 있다. 사실 공부를 하다 보면 예상보다 좋은 결과를 얻을 때도 있고, 아무리 노력해도 기대보다 실망스러울 때도 있다. "내가 그렇지 뭐"라는 말은 그저 그런 오늘을 내 인생 전체로 확대하는 말이디. 이 말로 미래에 올 좋은 날의 가능성을 스스로 막아버린다. 오늘 예상했던 것보다 좋은 결과를 받았다고 생각해보자. '원래 나는 그렇지 않은데 어쩌다 운이 좋았네. 미래에는 또 안 좋을 거야'라고 생각하게 된다. 열심히 공부했지만 결과가 실망스러운 날에는 "이런 날도 있는 거지 뭐. 내일은 의외로 괜찮은 것 아냐?"라고 말해보자. 더 많은 가능성이 생길 것이다.

## "지금 바꾸는 건 무리야"

나는 자주 지인들에게 공부 조언을 한다. 특히 공부법을 바꾸어 보라고 조언을 하면 지인들로부터 이런 말을 종종 듣는다. "지금은 그렇게 바꿀 수 없어요." 유사한 말로 "그렇게 바꿔봐야 어차피 안 돼"가 있다. 물론 내가 제안한 방법이 정답은 아닐 수 있다. 하지만 스스로 문제점이 있다고 생각했기 때문에 나에게 공부법에 대한 고민 상담을 해놓고도 공부법을 바꾸지 않으려하니 큰 문제다. 문제에 대한 해결책을 알아도 그 방법을 적용하지 않으면 말짱 도루묵인데 말이다. '지금 바꾸는 것은 무리다'라는 말로 현재의 방법을 정당화하려고 한다. 언제나 "새로운 방법을 찾아야겠다"라고 말해야 더 좋은 방법이 생각난다. '어차피 안 된다'는 생각에 갇히면 더 좋은 방법은 생각나지 않는다.

## "내일부터 할게"

아침에 일찍 일어나는 것은 정말 힘든 일이다. 살짝 일어나서 시간을 보니 7시다. '아, 10분만 더 자자'라고 생각하며 잠깐 눈을 붙였다 일어나니 10시가 되었다. "아 오늘은 망했네. 내일부터 하자"라고 말하며 다시 이불 속으로 들어간다.

생각지 않게 늦잠을 자면, 계획이 틀어졌다는 생각에 '공부할 맛'이 떨어진다. 그래서 '내일부터 해도 된다'는 말로 자신을 위로한다. 사실 아침 10시도 이른 시간이다. 공부하기에 충분히 많은 시간이 남았다. 잠을 충분히 잤으므로 더 집중력 있게 공부할 수도 있다. "내일부터 하자"라는 말보다 '일단'이라는 말이 필요하다. 당초 계획과 멀어졌더라도 "일단 일어나자" "일단 해보자"라고 말하며 행동으로 옮겨야 한다. 늦으면 늦은 대로 빨리 뛰어가면 된다.

내일은 늘 미래에 존재하고, '일단'은 '현재'다. 내일은 늘 미래에 존재하기에 '내일부터'라는 말로 늘 미룰 수 있다. 일단은 당장 시작하는 말이다. 어떤 일이 과거에 발생했어도 '우선 먼저' 시작하면 아주 조금이라도 해낼 수 있다.

## "○○이 잘못됐네"

시험 결과가 좋지 않으면 "시험문제 이상하네" "시험문제가 잘못됐어" "학원강사가 제대로 안 가르쳐줘서"라고 말하기도 한다. 이렇게 말하면 내 잘못은 아니라고 생각하게 되어 심리적 부담감은 줄어들 수 있다. 그런데 진짜 이유를 생각하지 않고 다른 외부의 것으로 책임을 돌리면 발전할 수 없다. 다른 쪽으로 책임을 돌리는 말을 함으로써 문제점이 무엇인지 찾으려고 하지 않고 개선하려고 하는 의지도 사라진다. 그러다가 계속 결과가 좋지 않으면 "내가 그렇지 뭐"라고 말하며 푸념하게 된다. 잘못을 객관적으로 인지해보려는 말이 필요하다. "무엇이 문제일까?" "결과가 좋은 사람과 나의 차이가 뭘까?"라고 말해야 나를 객관적으로 바라볼 수 있다.

## "그때 이렇게 했으면 지금 이러지 않을 텐데"

"그때 게임에 빠지지 않았다면 이미 합격했을 텐데…"와 같은 말을 하며 과거에 했던 일을 후회한다. 그 말을 하는 순간 정말 다 잡은 기회를 행동 하나 잘못해서 놓친 것만 같은 생각이 들어 지금의 현실이 원망스럽게 느껴진다. 지나간 일은 어차피 되돌릴 수 없다는 것을 알면서도 혼자서 "이렇게 되지는 않았을 텐데…"라고 말하며 시간을 보낸다. 이런 말을 하기보다 "앞으로 ○○ 하지 말자"라고 스스로에게 말하자. 하지 말아야 할 일이 무엇인지를 정확하게 알고 해야 할 행동과 하지 말아야 할 행동을 심리적으로 구분하는 효과가 있다.

## "뭐 어떻게든 되겠지"

이렇게 공부해도 되는지에 대한 확신은 없지만, 방법을 바꾸기도 귀찮고 어떻게 바꾸어야 할지도 모를 때 "뭐 어떻게 해결되지 않겠어?"라고 말한다. 이 말로 당장의 상황을 모면할 수 있지만, 근본적으로 문제는 해결되지 않는다. 나도 공부하면서 헷갈리거나 어려운 부분들을 애써 외면한 적이 있다. '시험장에 가면 어떻게 해결이 되겠지?' '설마 나오겠어?'와 같은 생각으로 실제 시험에 나와도 초인적인 힘을 발휘해서 만회할 수 있으리라 막연한 기대를 한다. 하지만, 뭐 어떻게 되지 않는다. 결국 해결이 안 된 채로 끝난다.

'어떻게 되지 않을까'라는 말 뒤에 숨어 있으면 문제점을 현재는 덮어둘 수 있을지 몰라도, 결국 불안감은 더 커지고 문제도 해결되지 않는다. "차분하게 생각해보자" "계획을 다시 세워봐야지"라고 말하면 현재의 문제를 객관적으로 고민해볼 수 있다.

## "이렇게 되면 어쩌지?"

"이번에 떨어지면 어쩌지?" "내가 안 본 부분이 시험에 나오면 어쩌지"라고 말하며 최악의 상황을 상상한다. "어쩌지?"라고 말하면 너무 큰 불안감을 만들어 새로운 행동을 하는 것을 주저하게 한다. 오히려 "여러 가능성에 대비하자" "○○ 하는 경우에는 대안을 강구해보자"와 같은 말을 하면 여러 가지 발생할 수 있는 상황에 대비를 하면서도 보다 발전적으로 행동할 수 있다.

## "아직 이만큼이나 남았네…"

오늘 목표한 공부를 끝낸 후 앞으로 공부해야 할 부분을 펴보며 "아직 이만큼이나 남았네"라고 말을 하면 힘이 빠진다. '열심히 공부했는데 아직 이만큼만 보았다니 내가 끝까지 할 수 있을까?' 하는 생각도 든다. 같은 상황에서 "오늘도 계획대로 해냈다" "공부해보니 잘 되네!"라고 말하면 내일 공부하고 싶은 마음이 생긴다.

같은 상황인데도 어떤 말을 하느냐에 따라 생각이 완전히 달라진다. 우리의 미래는 아무도 알 수 없다. 내가 어떻게 생각하느냐에 따라 달라진다. 언제나 생각의 시작점은 나의 말이고, 어떻게 말하느냐에 따라 생각이 발현되는 방식이 달라지게 된다. "더 좋아질 거야"라고 말하면 '잘될 것을 기대'하며 공부를 시작하게 되고, "안 될 거야"라고 말하면 '안 될 것이지만 의무적으로 해야 하는 것'으로 생각하며 시작한다. 나에게 도움이 되는 말을 하는 것 자체가 내 마음가짐을 바꾼다.

# 시험형 인간의 합격 10계명

시험공부하면서 느낀 점과 끝까지 완주하는 데에 도움이 되었던 말들을 모았다. 필요하면 종이에 써서 책상 앞에 붙여놓기를 바란다.

## 하나, 당신의 노력은 없어지지 않는다

"계속 공부하다 보면 그것만으로 오를 수 있는 어떤 경지가 있다. 당장 성과가 나오지 않아도, 꾸준히 공부한 시간이 그냥 사라지지 않는다."

내가 한 번에 합격하는 공부의 기술을 깨우치기 전 봤던 컴퓨터활용능력 실기시험은 무려 세 번 만에 합격했다. 두 번의 불합격을 경험하고서야 어떻게 공부해야 합격선에 들어가는지 알게 되었다. 첫 번째와 두 번째 시험을 볼 때 공부를 전혀 하지 않았다면 어떻게 공부해야 합격하는지 감도 잡지 못했을 것이다. 당장 성적이 좋지 않아도, 시험에 탈락해도 내가 쏟는 노력이 없어지는 것은 아니다. 지금 당장 눈에 성과가 보이지 않더라도 꾸준히 공부하자.

## 둘, 나의 약점을 극복할 기회를 주어라

"약점은 누구에게나 있다. 스스로에게 약점을 극복할 기회를 주어야 하고, 부족함을 채울 시간을 주는 과정에서 진짜 공부를 하게 된다."

시험이 끝난 후 처음 공부할 때 정리한 노트나 책을 보면, '멍청하게 저런 것도 어렵다고 열심히 필기하고 어렵다고 표시까지 해 두었네!' 하는 생각이 들 때가 있다. 처음부터 잘하는 사람은 없다. 약점을 보완하는 과정이 있었기에 실력이 올랐고, 합격이라는 결과도 얻은 것이다. 약점을 피하려고만 하면 실력이 늘지 않는다. 누구에게나 약점이 있다. 극복할 수 있는 기회를 주느냐가 결국 시험의 당락을 결정한다.

## 셋, 무엇이든 완벽하지 않다

"당신의 공부는 늘 완벽할 수 없다. 당신이 계획을 수정하
거나 공부법을 바꾸기 두려워하는 이유는 내가 지금껏 걸
어온 길이 잘못되었다는 것을 인정하기 싫어서이다. 그건
잘못된 생각이다. 공부는 완벽할 수 없고, 어쩌다 예상보
다 잘된다면 그것이 운이다."

조금만 공부를 해보면 '정말 내 마음만큼 되는 것이 없다'는
것을 느낀다. 예상보다 진도도 나가지 않고, 다 알았다고 생각했
는데 문제를 풀어보면 틀린다. 때로는 나에게 화가 나기도 한다.
내가 당초 생각했던 계획대로 되는 건 거의 없고, 내 마음대로
문제가 잘 풀리지도 않는다. 너무 걱정하지 말자. 누구나 그러니
까. 나도 그랬다. 중요한 것은 잘 안 될 때 좌절하기보다 다시 수
정해 나가려는 자세다.

## 넷, 모든 결과는 정직하게 받아들이자

"잘한 것도 못한 것도 모두 나의 일부다. 못한 것도 정직하
게 받아들이는 것이 잘한 결과물을 만드는 첫 시작이다."

처음 고시 공부를 시작했을 때, 내가 아는 것, 쉬운 것만 공부하려고 했다. 조금 어렵거나 틀리면 변명하기 바빴다. '문제가 이상했어' '저런 거는 시험에 안 나올 거야'라고 말하며 나를 위로하기 바빴다. 도저히 위로가 되지 않을 상황에서는 '뭐 어떻게든 되겠지'라고 생각하며 뭉개버리기도 했다. 어쩌면 실패한 결과물들이 있기에 성공한 결과물도 있는 것이다. 지금 당장 변명이나 핑계를 만들지 말자. 실패한 결과물을 있는 그대로 받아들이는 것이 향상의 지름길이다.

## 다섯, 작은 성과에 집중하자

"작은 성과를 얻기 위해 노력하자. 그리고 성과를 얻은 기쁨을 오래 간직하자."

우리는 사소한 것에 목숨을 건다. 반대로 생각하면, 작은 결과에도 우리는 크게 기뻐할 수 있는 능력이 있다. 내가 국제재무분석사 공부를 할 때의 일이다. 학원에서 정기적으로 실시하는 진도별 모의고사를 보러 가기 전, 실제 시험 전날인 것처럼 모의고사 시험 범위에 해당하는 파트를 열심히 공부하고 가서 실전처럼 풀었다. 당연히 결과는 좋았다. 성적이 잘 나온 덕분에 학원에서 주는 성적우수자 문화상품권도 받을 수 있었다. 내가 모의고사에 실전처럼 달라붙은 이유는 작은 성과를 얻기 위해서였다. 단순히 공부를 많이 하기보다 시험공부하는 기간 중에 있는 작은 성과에 큰 보람을 느꼈다. 내가 얼마나 하느냐보다 작은 성과에 집중하자. 그 작은 성과가 시험을 공부하는 데 윤활유 역할을 해줄 것이다.

## 여섯, '내가 왜 공부하는지'를 생각하자

"힘들 때마다 '내가 왜 공부하는지' '나는 왜 합격해야 하는지'를 생각하자."

공부를 하다 보면 '내가 왜 이러고 있지?'라는 생각이 든다. 공부는 너무 힘이 드는데, 마음만큼 잘되지 않을 때 더욱 그렇다. 매 순간, 아침에 자리에 앉을 때마다 내가 왜 공부하는지를 생각해보자. 내가 직장인이 되어서도 꾸준히 공부를 할 수 있었던 것은 '내가 내 중심을 잡고 내가 하고 싶은 일을 하기 위해서라도 공부해야겠다'는 결심을 자주 떠올렸기 때문이다.

## 일곱, 주변의 말에 휘둘리지 말자

"내 공부의 중심은 나고, 결국 내가 모두 책임을 져야 한다. 주변의 평가에 신경 쓰지 말고, 꿋꿋이 공부하면 좋은 결과를 얻는다."

공부를 잘하려면 주변 사람들 사이에서 나의 중심을 잘 잡아야 한다. 열심히 하고 있는지, 내 공부가 잘되고 있는지는 나만이 정확하게 판단할 수 있다. 내가 어떻게 공부하고 있는지는 나만 정확하게 알고 있기 때문이다. 나의 상황을 모르고 말하는 주변 사람들의 말에 휘둘리지 말자.

## 여덟, 무탈한 생활을 하자

"공부의 효율성은 무탈한 생활에 있다. 아무 일도 일어나지 않고 흘러가는 것이 가장 마음에 편한 일상이다. 공부할 때는 무소식이 아주 큰 희소식이다."

공부할 때는 심리적으로 흔들리지 않는 것이 중요하다. 나는 마음이 불안하거나 외로워 힘이 들 때마다 그 감정에서 빨리 벗어나려고 노력했다. 감정에서 벗어나는 방법은 가급적 그런 생각을 하지 않는 것이다. 불안하다고 느끼면 더 불안해지고, 외롭다고 느끼면 더 외롭기 때문이다. 생각을 하지 않기 위해 규칙적으로 생활했고, 하루 계획과 목표만 생각하며 공부했다. 굳이 공부와 관련 없는 행동을 해서 일상을 바꾸려 하지 않았다. 하루가 심심할 정도로 무탈하게 생활했고, 무탈한 생활이 감정의 동요를 막아주었다.

## 아홉, 나의 욕망은 도전해야만 알 수 있다

"자신을 한계까지 밀어붙여 본 적 없는 사람은 자신이 삶에서 이루고자 하는 욕망을 결코 알 수 없다. 나의 욕망과 잠재력을 확인하는 도전을 멈추지 마라."

나는 시험공부를 하면서 공무원으로 일할 기회, 그리고 많은 자격증을 얻었다. 이렇게 공부한 덕분에 책을 낼 기회도 생겼다. 시험공부가 나에게 기회를 준 셈이다. 공부를 하는 과정에서 내가 무엇을 해야 할지도 알게 되었고, 자존감도 높아졌다. 공부 외에도 내가 이루어낼 수 있다는 것이 많다는 사실도 깨우쳤다.

## 열, 마지막까지 최선을 다하자

"결국 끝나봐야 안다. 끝까지 포기하지 말자."

나는 공인중개사 시험 기간을 너무 짧게 잡아서 시험 직전까지 실력이 좋지 않았다. 사실 중간에 포기하고 싶은 마음도 많이 들었다. 그래도 끝까지 공부해보자는 마음으로 시험 시작 전까지 법에 나오는 세율과 규정을 보았다. 마침 막판에 본 내용들이 많이 출제가 되었다. 시험이 끝난 후 '부동산 공시에 관한 법령 및 부동산 관련 세법' 과목을 채점해보니 전체 문제는 40문항 중 1~20번까지 18개가 틀렸다. '아, 더 채점해볼 필요가 있을까?' 하는 생각이 들었다. 그런데, 20~40번까지 1개만 틀려 과락을 넘겼고, 전체 평균이 60점을 간신히 넘어 합격할 수 있었다. 시험 막판에 보았던 내용이 시험에 나온 덕분에 합격한 것이었다. 시험이 끝날 때까지 포기하지 말자. 그러면 합격할 수 있다.

# 참고문헌

1 웨이슈잉, 『하버드 새벽 4시 반』 (2019, 라이스메이커).

2 로버트 J. 실러, 『내러티브 경제학』 (2021, 알에이치코리아).

3 마이클 샌델, 『공정하다는 착각』 (2020, 와이즈베리).

4 말콤 글래드웰, 『아웃라이어』 (2019, 김영사).

5 이케다 요시히로, 『뇌에 맡기는 공부법』 (2018, 쌤앤파커스).

6 최인철, 『굿라이프』 (2018, 21세기북스).

7 윌리엄 H. 맥레이븐, 『침대부터 정리하라』 (2017, 열린책들).

8 대니얼 J. 레비틴, 『정리하는 뇌』 (2015, 와이즈베리).

9 롤프 도벨리, 『불행 피하기 기술』 (2018, 인플루엔셜).

10 후루이치 유키오, 『1일 30분』 (2019, 북아지트).

11 멘탈리스트 다이고, 『시간 낭비를 확 줄여주는 초효율 공부법』 (2020, 더 메이커).

12 야마구치 사키코, 『1등의 기억법』 (2017, 좋은날들).

13 마크 티글러, 『기적의 뇌 사용법』 (2016, 김영사).

14 김미현,『14세까지 공부하는 뇌를 만들어라』(2017, 메디치미디어).

15 제레드 쿠니 호바스,『사람은 어떻게 생각하고 배우고 기억하는가』(2020, 토네이도).

16 오시마 노부요리,『말투 하나로 의외로 잘 되기 시작했다』(2019, 위즈덤하우스).

17 하야시 나리유키,『아주 짧은 집중의 힘』(2021, 위즈덤하우스).

18 고다마 미츠오,『한 가지만 바꿔도 결과가 확 달라지는 공부법』(2018, 동아엠앤비).

19 애덤 그랜트,『싱크 어게인』(2021, 한국경제신문).

20 도미니크 오브라이언,『기억력의 신』(2019, 팬덤북스).

21 윤은영,『뇌를 변화시키는 학습법』(2016, 한국뇌기능개발센터).

22 존 에이커프,『피니시』(2017, 다산북스).

23 앨버트 라슬로 바라바시,『성공의 공식 포뮬러』(2019, 한국경제신문).

24 코이케 류노스케,『생각 버리기 연습』(2018, 21세기북스).

25 웬디 우드,『해빗』(2019, 다산북스).

26 니시노 세이지,『스탠퍼드식 최고의 수면법』(2017, 북라이프).

27 이상희,『부장님 죄송해요 공무원 합격했어요』(2018, 사피엔스넷).

28 이형재,『직장인 공부법』(2019, 21세기북스).

29 니시오카 잇세이,『도쿄대생의 교활한 시험 기술』(2019, 갤리온).

30 짐 퀵,『마지막 몰입』(2021, 비즈니스북스).

# 나는 무조건 한 번에 합격한다

초판 1쇄 발행 2022년 7월 13일
초판 5쇄 발행 2023년 5월 22일

지은이 이형재

발행인 이재진   단행본사업본부장 신동해
편집장 조한나   책임편집 윤지윤
마케팅 최혜진 이인국   홍보 반여진 허지호 정지연
디자인 studio forb   제작 정석훈

브랜드 웅진지식하우스
주소 경기도 파주시 회동길 20
문의전화 031-956-7356(편집) 031-956-7089(마케팅)
홈페이지 www.wjbooks.co.kr
인스타그램 www.instagram.com/woongjin_readers
페이스북 https://www.facebook.com/woongjinreaders
블로그 blog.naver.com/wj_booking

발행처 ㈜웅진씽크빅
출판신고 1980년 3월 29일 제 406-2007-000046호

ⓒ 이형재, 2022
ISBN 978-89-01-26251-2 (03370)